DAS LICHT DER TOTEN STERNE

Für Claudio Lolli,
meinen großen Bruder

MASSIMO RECALCATI

Das Licht der toten Sterne

Essay über Trauer und Nostalgie

Aus dem Italienischen von Stefano Vastano
und Nadine Hartmann

VERLAG TURIA + KANT
WIEN–BERLIN

Inhalt

Einleitung

> Nietzsche: nicht beten, sondern segnen. Ist es nicht das, was die Trauer mit sich bringen sollte?
>
> R. Barthes, *Tagebuch der Trauer*

Im Mittelpunkt dieses Buches steht die Beziehung zwischen dem menschlichen Leben und der traumatischen Erfahrung des Verlustes. Was geht in uns vor, wenn Krankheit und Tod uns Menschen aus den Armen reißen, die unserem Leben und unserer Welt einen Sinn gegeben haben? Wenn wir diejenigen verlieren müssen, die wir so sehr geliebt haben? Aber auch, wenn Ideale, für die wir gelebt haben, unwiderruflich zerstört werden, oder wenn wir ein Land oder ein Haus verlassen müssen, das unserem Leben Halt gegeben hat und mit dem wir zutiefst verbunden waren?

Das Trauma des Verlustes durchzieht unsere Existenz, denn das Leben kann nur durch seine unzähligen Toten fließen. Nicht nur durch diejenigen, die tatsächlich tot sind, sondern durch alle Tode – alle Verluste –, die wir symbolisch erfahren haben. Welche Leere hat sich in uns und außerhalb von uns aufgetan, die unser Leben so sehr belastet und uns – wie es unter den dramatischsten Umständen geschehen kann – dazu treibt, das Leben abzulehnen? Und welche Arbeit muss geleistet werden, um zum Leben zurückzukehren? Was geschieht schließlich, wenn sich diese Arbeit als unmöglich erweist und wir uns ebenso verloren fühlen wie diejenigen, die wir verloren haben?

Die Erfahrung der Trauer nimmt den ersten Teil des Buches ein, der versucht, diese grundlegenden Fragen zu beantworten. Der zweite Teil ist der Nostalgie gewidmet. So wie es verschiedene mögliche Schicksale für das Trauma des Verlustes und die damit verbundene Trauer gibt, so gibt es auch verschiedene Formen der Nostalgie: Die Trauer kann chronisch werden (Melancholie), sie kann scheinbar verleugnet werden (Manie) oder sie kann zu einer realen und fruchtbaren symbolischen Arbeit rund um die Leere führen, die durch den Verlust des Objekts entstanden ist (Trauerarbeit). Und doch kann, wie wir im Einzelnen sehen werden, keine Trauerarbeit jemals vollständig abgeschlossen werden. Es bleibt immer ein Rest, etwas nicht zu Tilgendes, das uns verbietet, uns vollständig von unseren Verlusten zu lösen. In diesem Sinne hat die Nostalgie eine besondere Beziehung zu diesem untilgbaren Rest, den die Trauerarbeit nicht absorbieren kann.

Das ist die Gemeinsamkeit von Nostalgie und Trauer: Der unumkehrbare Charakter des Verlustes ist mit dem Bedürfnis verbunden, das Verlorene wiederzuerlangen. Doch niemand kann vom Tod zurückkehren, genauso wie niemand in die mythische Zeit zurückkehren kann, in die uns die Nostalgie versetzen möchte. Weder die Trauerarbeit noch das Gefühl der Nostalgie können tatsächlich wiederherstellen, was wir für immer verloren haben.

Aber Nostalgie kann zwei verschiedene Gesichter haben, wie ich in diesem Buch zu zeigen versuche: Das erste ist das Gesicht der Wehmut, das zweite jenes der Dankbarkeit. Das Nostalgie-Bedauern nimmt die Form der Erinnerung an eine glückliche, aber unwiederbringlich verlorene, wenn auch immer wieder herbeigesehnte, Vergangenheit an. Diese Nostalgie signalisiert die anhaltende Trauer um das, was wir verloren haben und was uns niemals zurückgegeben werden kann: die Mutter, die Kindheit, die Kraft der Jugend, die Möglichkeiten, die Liebe, ein anderes Leben, Projekte usw. Es ist die Grundbedingung jeder Trauer: Die Präsenz des verlorenen Objekts ist noch unter uns, in den Räumen, die wir geteilt haben, in der Zeit, die wir zusammen gelebt haben, sie lebt in den Dingen fort, die zu ihr gehörten, in unserer Erinnerung und in unseren Rückblicken. Doch sie ist nicht mehr da, ich kann sie nicht mehr sehen, berühren, umarmen, mit ihr sprechen, ihr zuhören, ihr Parfum riechen. Eine endgültige Unterbrechung hat eine unüberwindbare Kluft zwischen uns und unsere Vergangenheit sowie unsere Gegenwart gegraben.

Die zweite Form der Nostalgie ist die Nostalgie-Dankbarkeit, die nicht in der Wehmut gefangen bleibt, sondern zu einer mächtigen psychischen Ressource für die Erneuerung des Lebens wird. Während die erste Form der Nostalgie von einem tiefen Wunsch beseelt ist, zu dem zurückzukehren, was sie als »verlorenes Paradies« ersehnt, findet die Nostalgie-Dankbarkeit gerade in bestimmten unauslöschlichen Details unserer Vergangenheit die Kraft, in der Gegenwart mit mehr Vitalität zu handeln und sich schöpferisch auf die Zukunft hin zu entwerfen. Dies ist die entscheidende Form, die die Last des Erbens annehmen kann. Es geht hier nicht darum, eine Rückkehr anzustreben – es gibt keine Rückkehr zum Ursprung, zur Mutter, zur Kindheit, zur Heimat usw. –, denn unsere Reise durch die Existenz ist, wie es Sartre ausdrückte, eine Reise mit einer einfachen Fahrkarte. Wir alle sind Reisende ohne die Möglichkeit der Rückkehr, ohne die Möglichkeit, unseren Lebensweg zurückzuverfolgen, weil hinter uns nur unzählige Tote liegen. Der Ort der Rückkehr ist also an sich ein unmöglicher Ort, eine Abwesenheit, weil es keinen Ort gibt, an den wir zurückkehren können. Aber gerade vor dem Hintergrund dieser Unmöglichkeit der Rückkehr wird es möglich, unsere Reise mit dem Einfachfahrschein anzutreten. In diesem Fall sind es nicht mehr wir, die von unserer Vergangenheit auf melancholische Weise in einen Sog gezogen werden – die Nostalgie-Wehmut als chronische Form der melancholischen Trauer –, vielmehr ist es unsere Vergangenheit, die uns überraschend heimsucht und uns jedes Mal die Möglichkeit bietet, neu zu beginnen (die Nostalgie-Dankbarkeit als radikale Form des Erbes). Dieses zweite Gesicht der Nostalgie kommt in einigen großen Kunstwerken meisterhaft zum Ausdruck, aber auch in jenem seltsamen astrophysikalischen Phänomen des Lichtes toter Sterne. Etwas, das nicht mehr ist – die Ruinen einer zerstörten Stadt wie der Himmelskörper eines toten Sterns –, hört nie auf, unser Leben und sein Werden zu erhellen. Im Zentrum steht hier nicht mehr der Wunsch nach Rückkehr – der sein mythologisches Vorbild in Odysseus hat –, sondern ein Wunsch, den wir noch nie vollständig erlebt haben. Dann kann die Nostalgie, anstatt sich regressiv dem zuzuwenden, was bereits gewesen ist, die abenteuerlichen Formen einer Kraft annehmen, die uns zu dem treibt, was nie war, was noch nicht gekommen ist, was wir nie gesehen haben. Diese zweite Form der Nostalgie erinnert nicht mehr an das »verlorene Paradies« der Vergangenheit, sondern belebt das Verlangen nach dem Anderen als neues Verlangen. Kann man wirklich nostalgisch in die Zukunft blicken? Nostalgie für einen Ort empfinden, an dem wir nie gewesen sind? Für eine Liebe, die wir nie erfahren haben? Für eine Reise, die wir nie angetreten haben? Für einen Gedanken, den wir nie gedacht haben? Vor allem aber impliziert Nostalgie als Dankbarkeit, dass das, was uns aus der Vergangenheit heimsucht, ein noch nie dagewesenes Versprechen für unsere Zukunft in sich trägt. In diesem Fall bleibt das, was die Trauerarbeit nicht assimilieren konnte, in uns selbst eingebettet, ohne melancholisches Leiden hervorzurufen. Vielmehr wird etwas aus der Vergangenheit als neue Möglichkeit in die Zukunft übertragen. Ich bin meinen zahllosen Toten dankbar für das, was ich erhalten habe; ich trage es mit mir, nicht als Reliquie, die verehrt werden muss, sondern als etwas, das noch seiner Erfüllung harrt, wie ein Frühlingswind, ein Tauwind, der vom Süden her weht.

Noli, im Oktober 2022

TEIL 1
Trauer und Trauerarbeit

> Mein Körper ist wie ein leeres Haus [...] Keine Antwort. Nur die verrammelte Tür, der eiserne Vorhang, die Leere, das Nichts.
>
> C.S. Lewis, *Über die Trauer*

> Die Begierden, die ich vor ihrem Tod [...] hatte, lassen sich jetzt nicht mehr erfüllen, denn das würde bedeuten, [...] daß ihr Tod für meine Begierden gewissermaßen befreiend wäre. Doch ihr Tod hat mich verändert, ich begehre nicht mehr, was ich begehrt habe. Man muss darauf warten, dass sich [...] ein neues Begehren bildet, ein Begehren *nach* ihrem Tod.
>
> R. Barthes, *Tagebuch der Trauer*

WIR SIND NICHT ZUM STERBEN GEMACHT

Wir sind nicht geschaffen, um zu sterben, sondern um geboren zu werden, behauptete Hannah Arendt. Doch beginnt unser Leben bereits mit dem ersten Atemzug zu sterben. Nicht nur, weil der Tod das unerbittliche Schicksal ist, das uns am Ende des Lebens erwartet, sondern weil in jedem Augenblick unseres Lebens etwas verloren geht, sich löst, sich von uns trennt, verschwindet. In diesem Sinne ist der Tod nicht, wie Heidegger beobachtet, die letzte Note in der Melodie des Daseins, die dessen Bewegung abschließt, sondern ein »ausgezeichneter Bevorstand«, der uns von jeher begleitet.

Das Bevorstehen des Todes bestimmt das menschliche Leben wesentlich. Eine Blume oder ein Tier existiert, ohne es zu wissen. Die Blume und das Tier sind tatsächlich Ausdruck eines ewigen Lebens. Auch sie sind dazu bestimmt zu vergehen, aber die stete Sorge und der Gedanke an den Tod sind ihnen fremd. Das tierische Leben ist ein Leben, das immer voller Leben ist, ein Leben, das die Wunde der Endlichkeit nicht kennt, oder besser gesagt, dass die Endlichkeit nicht als die notwendig tödliche Wunde des Lebens kennt. Die Vögel am Himmel, die Lilien auf dem Feld – um ein bekanntes Bild aus dem Evangelium aufzugreifen – kennen die Aushöhlung der Zeit nicht, weil sie in einer ewigen Gegenwart leben, in einem einzigen »Heute«. Sie sind von allen Erwartungen befreit, sie leben nicht mit der drohenden Last des Endes, weil sie mit der Begabung gesegnet sind, das Werden der Zeit in einem »Jetzt« aufgehoben zu finden, das sich nicht vom Werden der Dinge korrumpieren lässt. Das tierische wie auch das pflanzliche Leben schließt das Ende keineswegs aus – der Hund, wie die Blume, vergeht, seine Existenz, wie die des Menschen, ist begrenzt, »seine Tage sind gezählt«, wie es im biblischen *Buch Kohelet* heißt –, und doch kennt das Tier den Tod überhaupt nicht als Schicksal, das sich in jedem Moment des Lebens abzeichnet, als immer mögliche Möglichkeit oder als Unmöglichkeit aller unserer Möglichkeiten. Aus diesem Grund erfahren Pflanzen und Tiere in ihrer Seinsform – einem Leben voller Leben, einem mit sich ineins fallenden Leben – keine Trennung von sich selbst. Sie erleben weder die Sehnsucht des Begehrens noch den Schmerz des Mangels, aus dem jenes entspringt.

Warum hat der Blick unseres Hundes etwas so Ergreifendes? Seine Augen kennen den Abgrund des Endes nicht und vertrauen deshalb vorbehaltlos auf den Blick ihres Herrn. Sie wissen nichts von dem Schicksal, das sie erwartet, weil ihr Schicksal in den sicheren Händen desjenigen liegt, den sie ohne jeden Zweifel lieben. Der Blick eines Hundes kennt keine Täuschung, keinen Betrug, keine Verstellung. Seine Tiefe ist ganz offensichtlich, alles ist an der Oberfläche. Sein Leben ist ewig, so ewig wie die treue Hingabe an seinen Herrn. Seine Gegenwart kennt keine Abwesenheit. Sein Leben kann die Erfahrung des

Endes nicht machen. Es ist kein Zufall, dass Tiere nur dann dem Menschen ähneln, wenn sie krank werden, das heißt, wenn die Unmittelbarkeit ihrer Existenz durch einen Umstand gestört wird, der ihre Lebenskraft beeinträchtigt. Dann zeigt sich auch ihr Leben, wie das unsere, als der Ewigkeit des »Heute« entzogen, gebunden an die unausweichlichen Gesetze der Zeit.

Der Tod des Tieres fügt sich in den zwingenden Rhythmus der Natur. Der Lauf der Jahreszeiten bedingt den Untergang und die Wiedergeburt des Lebens nach unabänderlichen Gesetzen. Ein weiterer Moment, in dem das Tierleben dem menschlichen Leben ähnelt, ist deshalb der Tod eines Tierjungen. Auch hier scheint die starre Grenze, welche die menschliche Seinsform von der tierischen trennt, aufgelöst: Der Tod ist zu früh gekommen, um das Leben eines Wesens grausam zu zerstören, das gerade geboren wurde und alles Recht hätte, es zu leben. Das Junge – ob menschlich oder tierisch – verkörpert das positive Streben nach Leben und gleichzeitig, in seinem Tod, die totale Hilflosigkeit gegenüber dem Leben selbst. Der Skandal, den der Tod eines Kindes darstellt, zeigt im menschlichen wie im tierischen Leben, dass der Tod immer ungerecht ist, oder, anders ausgedrückt, dass es keinen natürlichen Tod gibt.

Für die menschliche Lebensform steht der Tod im Vordergrund: Der Tod eines Menschen kommt immer zu früh, er ist immer und ungerechterweise vorzeitig. Auch ein sterbender alter Mensch verkörpert die Ungerechtigkeit des Endes, das schreckliche Gesetz der Zeit, dem wir nicht entkommen können. Während sich der König der Gämse, von dem Erri De Luca in seinem Roman *Das Gewicht des Schmetterlings* erzählt, von der Herde entfernt, um mit instinktiver Weisheit seinem Schicksal zu begegnen, neigt das menschliche Leben dazu, die Zeit des Todes abzulehnen. Es möchte leben können, ohne der Gegenwart des Todes gewahr zu sein. Doch, wie wir wissen, geht die unausweichliche Notwendigkeit des Todes einher mit dessen unvorhersehbarer Kontingenz. Unser Leben wird ganz sicher in den Armen des Todes enden, aber wann, kann niemand von uns wissen. Das Ereignis des Todes ist gewiss und ungewiss zugleich. Das ist einer der Gründe, warum Heidegger die Angst als unseren fundamentalen affektiven Zustand definierte.

»ICH VERSCHWINDE«

»Ich verschwinde.« Einigen seiner Schüler zufolge sei dies das letzte Wort Jacques Lacans gewesen. Game over, Reset, Verschwinden. Es ist kein Zufall, dass das letzte seiner berühmten *Seminare* den vorausahnenden Titel *Auflösung* trägt. Es kündigt nicht nur das Ende seiner Schule an – die er kurz vor seinem Tod eben auflösen wird –, sondern auch das Ende seiner Anwesenheit in dieser Welt. Lacan kündigt in der Tat sein bevorstehendes Verschwinden an.

Das Verschwinden ist eine radikale Form der Trennung. Wenn die Worte fehlen, wenn der Schmerz zu groß ist, wenn alles kompromittiert scheint, wenn alles unerträglich geworden ist, wenn man am Ende seiner Kräfte ist, wenn das Unwiederbringliche geschehen ist, wenn etwas, an das wir tief geglaubt haben, stirbt, dann kann die Trennung die scharfe und eisige Form des Verschwindens annehmen. »Ich verschwinde« bedeutet, die Verbindung zur Welt, wie ich sie gekannt habe, für immer zu kappen. Die Axt der Zeit hat mit nur einem Schlag das Seil durchtrennt, das uns an das Leben gebunden hat. Alles, was uns bleibt, ist zu verschwinden, alles zu beenden, alles auszulöschen. Im Falle des Todes ist dieses Verschwinden nicht – mit Ausnahme der Selbstmörder, die sich für den Freitod entscheiden – das Ergebnis einer freien Wahl, sondern jenes einer Verurteilung, einer erlittenen Zumutung. Nie bin »ich« es, der beschließt zu verschwinden – es ist das Gesetz des Todes, das dies verlangt. Es gibt keine Zeit mehr für mich, es gibt keine Zeit mehr für mein Leben. Der Tod zwingt uns zu verschwinden, uns aufzulösen; Asche zu Asche, um wieder aus dem *Buch Kohelet* zu zitieren. Der Kreis schließt sich: Das Sein, das aus dem Nichts entstanden ist, kehrt zum Nichts zurück. Das geschieht mit den Menschen, woran uns abermals das *Buch Kohelet* erinnert, genauso wie bei den Pferden, Hunden, Ameisen, den Löwen und den Vögeln am Himmel.

Wie oft haben wir schon gehört: »sie ist verschwunden«[1], »er ist verschwunden«, als wolle man betonen, dass derjenige, der von uns gegangen ist, alle Bindungen zu uns gelöst hat, nicht mehr auffindbar ist, nicht mehr erreichbar ist, nicht mehr kontaktiert werden kann. Und wie oft hatten wir schon Schwierigkeiten, die richtigen Worte zu finden, um auf diese Verkündung zu reagieren. Es ist in der Tat unmöglich, sie zu finden. Es ist besser zu schweigen. Nicht ohne Grund vergleicht Roland Barthes in *Fragmente einer Sprache der Liebe* die Trennung mit dem Auseinanderdriften zweier Raumschiffe im Weltall, die keine Botschaften mehr voneinander empfangen können, als siderische Ent-

---

[1] A.d.Ü: »scomparsa«/»scomparire« ist eine im Italienischen sehr verbreitete Umschreibung für den Tod und das Sterben eines (geliebten) Menschen und mit »Verschwinden« nur unzulänglich wiederzugeben im Deutschen.

fremdung, unüberbrückbare Entfernung, Verschwinden vom Radar. Man verschwindet wie das Flugzeug, das vor der sizilianischen Insel Ustica abgestürzt ist, oder wie der unheimliche Colonel Kurtz in Francis Ford Coppolas *Apocalypse Now*. Es ist wahr: Das Verschwinden, wenn es wirklich eines sein will, muss die Spur verwischen, es muss die Bergung oder die Wiederkehr verhindern. Auf diese Weise versucht auch der Protagonist eines bekannten Romans von Georges Simenon mit dem Titel *Die Flucht des Monsieur Monde* zu verschwinden, wenn er eines Nachts beschließt, der bürgerlichen und trägen Ordnung seiner Familie abrupt den Rücken zu kehren. Er hebt das gesamte Geld von seinem Konto ab und nimmt den ersten Zug, ohne irgend jemandem Erklärungen abzugeben. So ergeht es auch dem Protagonisten von *Dissipatio humani generis oder Die Einsamkeit* von Guido Morselli, der nach einem Selbstmordversuch in seine Heimatstadt zurückkehrt und bereit ist, sein altes Leben wieder aufzunehmen, dort aber ironischerweise niemanden antrifft. Die gesamte Menschheit (*Humani generis*) hat sich inzwischen in Luft aufgelöst, ist vom Erdboden verschwunden.

Das Verschwinden ist eine Trennung, die in ihre dunkelsten Tiefen vorangetrieben wird. Es gibt keine Spuren mehr von denen, die gegangen sind, es wird keinen Kontakt, keine Möglichkeit der Entdeckung mehr geben. Dies bedeutet, dass derjenige, der verschwindet, wirklich weg ist, ohne etwas von sich zu hinterlassen, ohne den Wunsch, zurückzukehren oder die Hoffnung, gefunden zu werden, sondern mit dem festen Willen, nicht mehr zu der Welt zu gehören, deren Teil er oder sie einmal war. All dies scheint in den letzten Worten, die Lacan zugeschrieben werden, mitzuschwingen: »Ich verschwinde.« Alles mit sich fortschleppen, was man gewesen ist, um keinen Rest, keine Spur, keine Nostalgie zu hinterlassen.

DAS LEBEN ALS TRENNUNG

Der physische Tod unseres Körpers ist nicht die einzige Erfahrung, die wir mit dem Tod machen können. Es gibt in der Tat unzählige Tode, die unser Leben durchziehen. Das heißt, jeder von uns hat Erfahrungen mit Abstürzen, Trennungen, Verlusten, mit dem Verschwinden und dem Verlassenwerden gemacht. Unser Leben scheint von all den Verlusten gesäumt, die es geprägt haben; von den Wunden, die ihm die Trennungen zugefügt haben, von den Gespenstern unserer Toten.

Für die Psychoanalyse sind die Erfahrungen, die vom Tod künden, mit der Kastrationsangst verknüpft. So überrascht es nicht, dass Freud das Werden des menschlichen Lebens als eine Reihe aufeinander folgender Schnitte beschrieben hat: Schnitte, die uns von der Plazenta, von der Nabelschnur, von der Brust, von den eigenen Fäkalien, von der Mutter, vom eigenen kindlichen Körper usw. lösen. In jedem dieser evolutionären Abschnitte geht etwas unwiderruflich verloren. Aus diesem Grund muss im biblischen Mythos der Mensch (*adam*), um eine Bindung mit dem Anderen (Eva) einzugehen, zunächst *aus sich selbst herausgerissen werden*, er muss einen Teil seiner selbst verlieren (die berühmte »Rippe«), er muss sich also seinem eigenen Mangel und der Dynamik des Begehrens, die ihn zum Anderen führt, aussetzen. Aber wie im Beispiel des Abstillens, ist es nicht nur das Objekt (die Brust), das sich vom Subjekt löst. In dieser Trennungsphase geht durch den Verlust des Objekts auch ein Teil des Subjekts verloren. Jeder Schnitt hat topologisch betrachtet zwei Ränder: *Die Trennung trennt nicht nur das Subjekt vom verlorenen Objekt, sondern auch das Subjekt von einem Teil seiner selbst.* Und zwar genau von jenem Teil, der am engsten mit dem Objekt verbunden und gleichsam mit ihm verschmolzen war. Deshalb fühlt man sich verloren, wenn eine Liebe endet. In der Tat verliert man nicht nur das Objekt, das man geliebt hat, sondern

– zusammen mit jenem Objekt – auch das Gefühl für die Welt und damit auch einen wesentlichen Teil von sich selbst. Etwas stirbt, ist ausgelöscht, losgelöst, existiert nicht mehr. So zieht der Verlust des Objekts auch das Subjekt mit sich und beraubt es eines Teils seines Seins. Daher der verlorene, leere und ängstliche Blick, den wir auf dem Gesicht derer sehen, die einen Trennungsschmerz erleben. Der Leere, die sich durch den Verlust des Objekts in der Welt aufgetan hat, entspricht die Leere, die sich gleichzeitig im Subjekt aufgetan hat.

»ÜBER DIE TRAUER«

Wenn wir diejenigen verlieren, die unserem Leben Sinn gegeben haben, verlieren wir uns selbst. Das sind die beiden Seiten des Traumas des Verlustes: Das Objekt versinkt im Nichts und das Subjekt folgt ihm. Mit der Brust verliert das Kind auch sein Wesen. Das bedeutet, dass das Verschwinden des geliebten Menschen zuallererst das Verschwinden eines vertrauten Ortes ist: Er ist nicht mehr dort, wo ich ihm begegnet bin; dort, wo ich wusste, dass er lebte; er ist nicht mehr in unserem Haus, in unserem Bett, er ist nicht mehr hier, er kommt nicht mehr an den Ort, an dem ich immer auf ihn gewartet habe. Wenn er von Camus sprach – der viel zu früh bei einem Autounfall gestorben war – erinnerte sich Sartre an das beunruhigende Gefühl, das ihn befiel, als er nachts durch die Straße ging, in der sein Freund gewohnt hatte, ohne das Licht in seinem Fenster zu sehen. Etwas war erloschen. Die Welt drehte sich ohne Camus weiter und hatte daher ihr Gesicht für immer verändert.

Der Verlust des vertrauten Ortes, den der Andere für uns darstellte, bringt das Gefühl mit sich, dass es für uns, die wir bleiben, keinen Ort mehr gibt. Der Tod desjenigen, den wir geliebt und den wir verloren haben, entzieht uns den Ort des Lebens selbst als Ort, an dem man sich aufhalten kann. Das durch das Trauma des Verlustes verletzte Leben spürt, dass es ohne den Anderen keinen Ort mehr gibt, an dem man sein kann. Dies ist die *Endgültigkeit* (»der schwarze Flügel des Endgültigen«), die jedem Tod innewohnt, wie Barthes in *Tagebuch der Trauer* treffend feststellt, wenn er über die eigene Trauer nach dem Tod der geliebten Mutter schreibt. Und doch, dieser endgültigen Abwesenheit zum Trotz, geht alles weiter wie früher. Das Leben der anderen geht seinen normalen Gang, während wir, die wir den Ort verloren haben, der dem Leben einen Sinn gab, zu Zuschauern werden, aus dem Leben selbst verdrängt. So zeigt sich der Trauerzustand: Das verlorene Objekt ist noch unter uns, seine Präsenz ist spürbar, aber es ist nicht mehr hier. Ein irreparabler Bruch hat eine unüberwindbare Kluft zwischen uns aufgerissen, hat diese Abwesenheit endgültig gemacht.

Der Tod eines Menschen, den wir sehr geliebt haben, ist vor allem der Tod einer Präsenz als Gestalt eines einzigartigen und unersetzlichen Körpers. Der erste Ort, der verloren geht, wenn der Andere verschwindet, ist in der Tat der Ort seines Körpers. Dieser Körper ist nicht mehr da, er ist nicht mehr sichtbar, er ist an einem anderen Ort oder im Nirgendwo, aber es ist sicher, dass er für immer verschwunden ist. Während dieser Körper das Land war, das ich am meisten bereist habe, dessen Winkel ich alle kennengelernt habe, dessen Geographie ich mir im Laufe der Jahre angeeignet habe, ist es nun, als hätte man mir brutal jedes Recht auf Zugang verwehrt. Das Land, das ich so sehr liebte – das Land des Körpers des Anderen – existiert nicht mehr, es ist von jeder Landkarte gestrichen, es ist untergegangen, ich kann es nicht mehr bereisen. Das ist es, was wir bei jedem Trauerfall erleben: Es gibt keine Erinnerung, die die spürbare Präsenz des Körpers von jemandem, der nicht mehr bei uns ist, wiederherstellen kann. Sein Schritt, seine Haut, seine Augen, sein Lächeln, seine Stimme, seine Kleidung – alles ist für immer weg. Den Ort des geliebten Körpers gibt es nicht mehr und es gibt auch keinen Ort mehr, an dem dieser Körper wieder getroffen werden kann. Es ist das Ende einer Welt, der gemeinsamen Welt der Liebenden, der Welt der Zwei. Das ist die herzzerreißende Dimension aller Trauer, ihre endgültige Wahrheit. Wie die Existenz des Anderen den Horizont meiner Welt erweiterte, so verengt ihn sein Verschwinden, es komprimiert und verschließt ihn in einer Ecke. Der Schmerz des Verlustes ist ein Schmerz, der dem Leben den Atem nimmt, weil er das Leben selbst auf einen Schmerz reduziert. Es handelt sich nicht nur um einen Schmerz, der durch den Verlust des Objekts verursacht wird, sondern um einen Schmerz, der die *gesamte Existenz durchdringt*. Die Trauererfahrung hat diese grausame Qualität: Man muss nicht nur den Schmerz des Verlustes erleben, sondern auch die eigene Existenz – beraubt durch den Verlust – wird als schmerzhaft verloren erlebt. Die Existenz desjenigen, der nicht mehr da ist, wird zu einem dunklen Himmel, der sich über allem erstreckt.

Zu den ergreifendsten und relevantesten Büchern über die Trauererfahrung zählt zweifellos *Über die Trauer* von C.S. Lewis. Der einflussreiche Mediävist, Professor in Cambridge und praktizierende Christ schrieb es nach dem Tod seiner geliebten Frau. In seinem Bericht fällt vor allem die seltsame Kontinuität auf, die sich zwischen der Abwesenheit des geliebten Objekts und der Abwesenheit Gottes einzustellen scheint. Beide kennen in der Tat nur die Sprache des Schweigens: Seine Frau kann nicht auf die Worte antworten, die er an sie richtet, und Gott erscheint ihm wie ein »eiserner Vorhang«, eine »verrammelte Tür« vor seinen eigenen Gebeten. Dieses doppelte Schweigen – das Schweigen der verlorenen Partnerin und das Schweigen Gottes – rückt die Wahrheit, die wir alle gerne vergessen würden, in den Mittelpunkt seines Lebens: Jede Bindung trägt in sich die Möglichkeit ihrer Auflösung, und zwar nicht als eine Möglichkeit unter anderen, sondern als unausweichliches Schicksal. Selbst unter Liebenden, die sich ewige Liebe schwören, wird der Tod wie eine Klinge fallen, um die Zwei zu trennen. Zwischen dem »für immer« der Liebe und jenem des Todes gewinnt die Ewigkeit des Todes; denn selbst wenn die Liebenden in einem romantischen Traum gemeinsam sterben würden, umarmt, einer im anderen verschmolzen, selbst wenn sie sich entschließen würden, sich gleichzeitig den Tod zu geben, würden sie unweigerlich unterschiedliche Wege gehen. Deshalb hat Freud die Angst vor dem Tod mit der Kastrationsangst verglichen.

»Alle Wirklichkeit ist ikonoklastisch«, schrieb Lewis in seinem Klagelied. Was soll das heißen? Es heißt, dass wir nicht nur von Bildern, von Ideen, leben können, nicht einmal von der Idee, dass es eine Seele gibt, die nach dem Tod des Körpers weiterlebt. Denn unser Begehren verlangt die »feste und unabhängige Realität« desjenigen, den wir begehren, die Realität seines Körpers. Aus diesem Grund fällt das endgültige Verschwinden des Körpers der geliebten Frau mit dem Verschwinden des Ortes der Welt selbst zusammen. Eine Patientin schrieb mir kürzlich in einem Brief, dass sich in unserer Abhängigkeit von materiellen Objekten, von den Dingen, die wir lieben, unsere Abwehr des Todes zeigt, denn die Dinge sind dazu bestimmt, unser Leben zu überdauern. In den Gegenständen, an denen wir am meisten hängen und die wir im Laufe der Zeit geliebt haben, bleibt immer etwas von uns, das weiterleben möchte, und das unaufhörlich an die Orte erinnert, an denen wir waren.

»KANNST DU MICH VERLIEREN?«

Lacan zufolge strukturiert jeder Mensch sein Begehren entlang einer grundlegenden Frage, die die Existenz von Anfang an durchzieht: »*Kannst du mich verlieren?*«. Das Kind wendet sich an seine Eltern und befragt deren Begehren: »Was bin ‚ich' für euch? Ein Ding unter anderen oder eine Sache, die für euch im Gegensatz zu allen anderen unersetzlich, unvergleichlich, einzigartig, absolut ist?«. Die Frage »*Kannst du mich verlieren?*« setzt also eine Anrufung und eine Befürchtung voraus: »Könntet ihr mich vergessen, als wäre ich ein Paket, ein Gegenstand, ein gewöhnliches Ding; könntet ihr ohne mich klarkommen, könntet ihr mich aus eurem Leben ausschließen, so leben, als ob ich nicht da wäre?«

Im Vordergrund steht hier der Wunsch, begehrt zu werden, der Wunsch nach dem Begehren des Anderen – dem Begehren der Eltern –, der Wunsch, nicht vergessen zu werden. In dieser Frage zeigt sich das menschliche Begehren als Begehren nach einem bestimmten Begehren, als Begehren des Begehrens an sich. Diese These übernimmt Lacan wortwörtlich von Hegel: Das Begehren des Menschen ist immer »Begehren des Anderen«. In der ängstlichen Frage, die das Kind an seinen Anderen richtet – »*Kannst du mich verlieren?*« –, sehen wir also in paradigmatischer Form die eminent dialektische Natur des menschlichen Begehrens. Das vordergründige Merkmal des Begehrens ist das Begehren nach dem Begehren des Anderen. Wir erkennen dies in einem typischen Tagtraum von Heranwachsenden, in dem sie sich die eigene Beerdigung vorstellen. Dieses Szenario erlaubt uns, zu beobachten, wie viel

Schmerz und Verzweiflung unser Verlust bei denen, die uns am nächsten waren, verursacht.

Ohne die Anwesenheit des Anderen ist das Leben entmenschlicht, es bleibt nacktes Leben, ein sinnentleertes Leben. »*Kannst du mich verlieren?*« ist die Frage, die das Menschenkind ursprünglich an seinen Anderen richtet, um sich des Sinns der eigenen Existenz zu versichern. Sie kündigt sich im Schrei an, der den Eintritt in die Welt begleitet. Der Schrei ist in der Tat die erste dramatische Inkarnation der Befragung des Begehrens des Anderen. Wir sollten noch einen Schritt weiter gehen und behaupten, dass das Wort selbst einem Schrei ähnelt, oder, wenn man so will, dass der Schrei als eine Art archaische Kindheit des Wortes auftritt, als seine erste, ursprünglichste Manifestation. Die Erfahrung des Wortes ist die Erfahrung eines Appells, der an den Anderen gerichtet ist. »*Hörst du mich?*« Ohne das Hören des Anderen würde mein Wort ins Leere fallen, sich in einer unmenschlichen Stille verlieren, auf die primitive Form des Schreis zurückfallen.

Die erste signifikante Variation der primären Frage: »*Kannst du mich verlieren?*« lautet: »*Hörst du mich?*«. Unser Wort hängt immer an der Antwort des Anderen, weil es diese Antwort ist, die ihm Bedeutung verleiht. Hierin besteht die enge Beziehung zwischen dem Wort und dem Gebet. Das Wort wie das Gebet setzt immer einen Anderen voraus, der zuhört und dessen Antwort unser eigenes Wort rückwirkend mit Sinn versieht. Dies ist nicht nur eine mögliche Definition der Dialektik des Wortes, sondern auch jener Dialektik, die das menschliche Leben selbst strukturiert. Der Mensch ist nicht nur, wie es in der klassischen Definition von Aristoteles heißt, ein soziales Tier; er ist in erster Linie ein betendes Tier; ein Tier, das durch sein Gebet eine Antwort vom Anderen erbittet, ein Wesen, das ohne den Anderen nicht existieren kann: »*Kannst du mich verlieren?*«, »*Hörst du mich?*«

Nicht zufällig fließen auch in den Evangelien das Gebet des Menschen und der Schrei des Menschen ineinander, bis das Gebet seinen Höhepunkt im Schrei des gekreuzigten Jesus erreicht, als dieser sich im Moment der äußersten Verlassenheit mit den berühmten Worten an seinen Vater wendet: »Mein Gott, mein Gott, warum hast du mich verlassen?«, Worte, die man mit »*Kannst du mich verlieren?*« übersetzen könnte. Aus diesem Grund ist das menschliche Begehren niemals mit einem einfachen Bedürfnis zu verwechseln. Während im Falle des Bedürfnisses das Brot das Hungergefühl beruhigt, wie das Wasser den Durst stillt, so ist die Bewegung des Begehrens nicht auf ein bestimmtes Objekt gerichtet, denn es gibt kein Objekt in der Welt, das in der Lage wäre, den Drang ein für allemal zu befriedigen. Vielmehr kann das menschliche Begehren seine (wenn auch vorübergehende) Erfüllung in der Begegnung mit dem Begehren des Anderen finden. Sodass das menschliche Begehren – als Begehren des Begehrens – nur dann seine symbolische Befriedigung findet, wenn es von einem anderen Begehren begehrt wird, wenn der Andere auf seinen Appell antwortet.

Das menschliche Leben lebt nicht vom Brot allein; es nährt sich ständig von Zeichen. Welche Zeichen? Jene, die das Kind sucht, wenn es den Anderen befragt: »*Kannst du mich verlieren?*«. Also die Zeichen des Begehrens des Anderen; das Zeichen in dem Anderen dafür, dass er mich nicht verlieren kann, dass seine Existenz ohne die meine nicht sein kann. Wie wir hier sehen, überschneidet sich die Instanz des Begehrens mit jener der Liebe: Die Liebe, wie das Begehren, verlangt nicht nach dem Besitz von Gegenständen, nicht einmal nach dem Körper des Geliebten, sondern nach dem Zeichen des Mangels. Auf die Frage: »*Kannst du mich verlieren?*«, antwortet der Geliebte ohne Zweifel: »Nein, ich kann dich nicht verlieren, mein Leben ohne dich wäre nicht dasselbe Leben, es wäre nicht einmal mehr Leben.« Die geliebte Person hat im Liebenden einen irreduziblen Mangel ausgehöhlt, er ist zu dem geworden, was dem Liebenden fehlt, das, was dieser auf keinen Fall verlieren kann, da er sonst seine eigene Existenz verlieren würde. Aus diesem Grund bedeutet das Ende einer Liebe nicht nur den Verlust der geliebten Person – den Verlust eines narzisstisch bedeutsamen Objekts, wie Freud sagen würde –, sondern den Verlust der gesamten Welt der Zwei und folglich den Verlust des Subjekts selbst. Auf die Frage des Liebenden: »*Kannst du mich verlieren?*«, hat der Andere diesmal entschlossen und brutal geantwortet: »Ja! Ich kann dich verlieren und dieser Verlust wird mein Leben nicht sinnlos oder ärmer machen.«

ERWARTETWERDEN

Wir sollten das Gewicht, das diese radikale Frage in der Ausnahmesituation von Verlust und Trauer bekommt, keineswegs unterschätzen. Denn in dieser Zeit wird kein Anderer mehr in der Lage sein, auf die Anrufungen des Subjekts zu antworten. Das Subjekt der Trauer erlebt, wie seine Frage (»*Kannst du mich verlieren?*«) ins Leere fällt. Während in der Liebe der Liebende einen Mangel im Anderen aushöhlt, fällt das Ende einer Liebe mit dem Ende dieses Mangels zusammen: »*Er vermisst mich nicht mehr*«, »*Sie vermisst mich nicht mehr*«. Der Ausschluss des verlassenen Subjekts aus der Welt der Zwei hinterlässt in der Tat keinen Mangel im Anderen. Sein Leben – das Leben des Anderen – geht gleichgültig weiter, ohne mich: Ich kann ihm nicht mehr nahe sein, ich kann nicht länger dieselbe Welt teilen. Das geschieht sowohl, wenn derjenige, den wir lieben, stirbt, verschwindet, als auch dann, wenn der Andere, an den ich meinen Liebesanspruch gerichtet habe, beschlossen hat, mich zu verlassen. In diesen Fällen bin ich gezwungen einen Anderen zu erleben, der mich verlieren kann, ohne mich zu vermissen.

Bei einer Liebesbeziehung – wie bei einer jeder bedeutsamen Bindung – hat der Andere immer das Recht, die Bindung aufzulösen. Unter diesen Umständen kehrt dann der Schrei, der von Anfang an unser Leben begleitet, unweigerlich zurück, um sich Gehör zu verschaffen. Wahrscheinlich haben die Menschen aus diesem Grund schon immer gebetet. Die biblische Tradition macht dies sehr deutlich: Das Gebet lässt mindestens einen im Universum (Gott) existieren, der mich nicht verlieren kann, der mein Leben bedingungslos liebt, der mein Leben liebenswert und absolut unersetzlich macht und niemals, unter keinen Umständen, opfern würde.

Die ursprüngliche Frage »*Kannst du mich verlieren?*« macht das Warten zu einer wesentlichen

Figur der Liebe. In der Liebe mache ich ständig die Erfahrung, *erwartet zu werden*. Wenn ich den Anderen erwarte oder vom Anderen erwartet werde, übersetzt dies die Erfahrung des Mangels in das Liebesleben, und zwar auf die bestmögliche Art und Weise. Wenn ich geliebt werde, weiß ich, dass ich demjenigen fehle, der mich liebt, und wenn ich liebe, weiß ich, dass die Existenz des Anderen in mir die Erfahrung seines Mangels verursacht. In der Erwartung ist der Geliebte präsent in seiner Abwesenheit, weil ich in dieser Abwesenheit die Abwesenheit seiner Gegenwart spüre. Das Warten ist also das, was diese Abwesenheit in ein Versprechen der Anwesenheit verwandelt: »*Er wird zurückkehren*«, »*Er wird kommen*«, »*Ich werde sie wiedersehen*«. Das Warten auf die Geliebte ist die Erfahrung des Mangels des Anderen, während das Gefühl, von der geliebten Person erwartet zu werden, signalisiert, dass ich die Ursache für ihren Mangel geworden bin. Aus diesem Grund bedeutet das Geliebtwerden, von welcher Seite man das Leben der Zwei auch beobachtet, immer Erwartetwerden. Täglich macht die Liebe diese Erfahrung: bei einer Verabredung, am Telefon, bei der Rückkehr von einer Reise, bei der Heimkehr nach einem Arbeitstag erwartet zu werden.

Die Figur der Penelope in der *Odyssee* ist als reines Paradigma des Wartens auf die Liebe angelegt. Das Vergehen der Jahre kann ihr Warten in keiner Weise tangieren, abschwächen oder gar ausmerzen. Sie trotzt der Zeit, dem Leiden der Entbehrung, den Gerüchten, die ihren geliebten Odysseus für tot oder in fernen Meeren verschollen erklären. Penelope ist eine außergewöhnliche Darstellung des Wartens in der Liebe und offenbart uns deren grundlegendste Chiffre: Wenn wir uns geliebt fühlen, ist unsere Existenz nicht mehr dem Zufall überlassen, sondern wird bis ins kleinste Detail gewählt, begehrt und eben erwartet. Weil mein Leben aus einer Menge von menschlichen Leben ausgewählt wurde, empfinde ich es, wie Sartre schreibt, als »gewollt«, »gerufen« und »erwartet«. Solcherart ist der Zauber der Liebesbegegnung, wenn sie sich ereignet: Meine Existenz wurde erwartet und gefunden. Der Ring der Existenz und jener des Sinns sind ineinandergefügt.

Dank der Liebe des Anderen – Dank seines Erwartens – erhält meine Existenz einen Sinn, ist nicht mehr dem Zufall überlassen und ohne Daseinsberechtigung.

Aber fragen wir uns nun: Was geschieht, wenn dieser Zauber erschöpft ist, wenn eine Liebe stirbt? Die Erfahrung des Erwartens hat sich endgültig aufgelöst: Der Andere steht nicht mehr vor der Tür, wartet nicht mehr auf meinen Anruf, er erlebt meine Abwesenheit nicht mehr als Mangel; kurz, er hat aufgehört, mich zu erwarten. Das geschieht bei jeder Art von Trauerfall: *Das Trauma des Verlustes besteht in erster Linie darin, dass mich niemand mehr erwartet.* Das ist das unzweideutige Zeichen des Endes: »Er hat aufgehört, mich zu erwarten« bedeutet, dass »er mich nicht mehr vermisst«, dass »sie mich nicht mehr vermisst«. Die Medaille hat notwendigerweise zwei Seiten: Wenn die, die ich geliebt habe, nicht mehr auf mich wartet, hat sie auch aufgehört, mich zu vermissen, oder andersherum: Weil sie mich nicht mehr vermisst, hat sie auch aufgehört, mich zu erwarten. Während in der Liebe meine Existenz vom Anderen immer erwartet wurde, tilgt das Ende den Mangel im Anderen, weil das Ende die Erfahrung des Erwartens unmöglich macht. So wurde unser Körper regelrecht extrahiert aus dem Körper desjenigen, der gegangen ist: Er denkt nicht mehr an mich, begehrt mich nicht mehr, ich existiere nicht mehr für ihn, er wartet nicht mehr auf mich. Während in der Liebe das Warten jeden Moment im Leben der Liebenden begleitete, und jede Begegnung ein Fest war, bei dem die beiden Erwartungen sich endlich trafen, bleibt jetzt nur noch ein vergebliches, einsames Warten, weil nun jede Gegenseitigkeit fehlt. Das geliebte Objekt ist für immer verloren, wie es in jeder echten Trauer der Fall ist: *Es ist nicht mehr da und wird nie wieder da sein.*

Während das Warten der Liebenden auf Gegenseitigkeit beruht und das Versprechen auf das Fest der Wiederbegegnung eingelöst wird, erscheint das Warten des Alleingelassenen als ein Warten ohne Ende, ohne Fest, notwendigerweise melancholisch. Es ähnelt dem, was Beckett in *Warten auf Godot* inszeniert: Es gibt keine Möglichkeit, dass der Geliebte zurückkehren könnte, genauso wie es keinen Godot gibt. In diesem Sinne ähnelt das Ende der Liebe, wenn es wirklich unumkehrbar ist, in allem dem Tod. Es wird kein Danach geben, kein Überleben, kein neues Leben, keinen Neuanfang. Das Warten ist nicht mehr ein Warten der Zwei, sondern des Einen, und letztlich ist es nicht einmal mehr ein Warten, denn keinerlei Verheißung geht mehr einher mit diesem Warten. Das Ende der Liebe fällt somit mit dem Tod des Wartens zusammen, mit dem Ende allen möglichen Wartens.

Eine Patientin erzählte mir, dass ihr alter Vater, der seit langer Zeit im Sterben lag, seinen Pflegern sagte, dass er erst dann sterben werde, wenn sie – nach ihrer Rückkehr von einer langen Geschäftsreise – ihn ein letztes Mal umarmen könne. Auf seinem Sterbebett wartete der alte Vater noch auf die

Tochter, die er allein aufgezogen hatte und für die er Vater und Mutter zugleich gewesen war. Er wartete darauf, ein letztes Mal ihre Hand zu halten, bevor er sie für immer verlassen würde. Die Beharrlichkeit, mit der dieser Patient, der klinisch gesehen bereits tot sein sollte, scheinbar grundlos am Leben festhielt, ließ die Ärzte ratlos zurück. Ihnen entging, dass dieses Warten eine radikale Figur der Liebe darstellt. Dieser betagte Vater wollte nicht gehen, ohne sich ein letztes Mal von seiner Tochter zu verabschieden, bevor er ihr zeigen könnte, »dass ihre Existenz immer erwartet worden war«.

In der Erfahrung jeder Trauer erleben wir den Tod des Wartens. Wenn die Erfahrung des Erwartetwerdens erschöpft ist, verliert die Existenz jeden Sinn. Die Ringe der Existenz und des Sinns, die die Liebe geknüpft hatte, werden wieder voneinander gelöst. Ich bin unwichtig geworden, überflüssig, unbedeutend, wertlos und ohne Rechte. Der Syllogismus vom Ende der Liebe erscheint in seiner Artikulation unerbittlich: 1) Geliebt zu werden bedeutet, erwartet zu werden; 2) wer nicht mehr liebt, hört auf, den Geliebten zu erwarten; 3) das Ende aller Liebe fällt mit der traumatischen Erfahrung des Nicht-mehr-erwartet-Werdens zusammen.

DER NAME ALS VERLORENER GEGENSTAND

Er hatte nicht mehr das Gefühl, von jemandem erwartet zu werden. Seitdem sie das Haus plötzlich verlassen hatte, war es, als sei sein Leben in ein Loch gefallen. Seine beruflichen Fähigkeiten, seine vielen Freundschaften, seine Intelligenz und seine Leidenschaften waren wie ausgelöscht. Alles schien ihm zerrüttet, aus der Bahn geworfen, bedeutungslos. Er vernachlässigte seine Körperpflege und seine Kleidung, er begann viel zu trinken, er hatte Schwierigkeiten einzuschlafen. Eine gemeinsame Welt, die man zwanzig Jahre lang geteilt hatte, hatte sich traumatisch aufgelöst. Er hatte sämtliche soziale Beziehungen abgebrochen und lebte in der Welt wie ein Ausgestoßener. Er ertrug es nicht, alte Freunde zu treffen, weil er es nicht aushalten konnte, ihre vereinten und strahlenden Familien zu sehen, während die seine unwiederbringlich zerstört war. Er konnte es nicht ertragen, zu sehen, dass die anderen noch von jemandem erwartet wurden, während er von niemandem mehr erwartet wurde. Er fühlte sich, so sagte er, »wie ein Lappen, den man auf dem Boden liegen gelassen hatte«.

In seiner Trauer sagte er häufig laut den Namen seiner Partnerin und die Namen seiner Kinder. Diese

Eigenheit löste vor allem bei denen Unbehagen aus, die ihm zu diesem Zeitpunkt nahestanden. Es konnte ihm auch in den unpassendsten Situationen geschehen: auf der Straße, in der Nacht, beim Einkaufen, sogar bei der Ausübung seiner Arbeit. Der Name der Frau, die er liebte, und die Namen seiner geliebten Kinder kehrten ihm in einer Art Automatismus, den er nicht beherrschen konnte, immer wieder auf die Lippen zurück. Es handelte sich dabei jedoch nicht um einen Signifikanten, der psychotisch von außen kommt, sondern um eine Notwendigkeit, die im Inneren entstand. Er sprach den Namen der Frau, die er liebte, aus und wiederholte ihn zwanghaft in dem Versuch, ihre Abwesenheit zu negieren. Der Drang, den Namen der geliebten Frau beharrlich zu wiederholen, zeigt den halluzinatorischen Kern dieser subjektiven Position. Die konstante Präsenz des Namens kompensierte die unerträgliche Abwesenheit ihrer Präsenz. Nicht ohne Grund erinnert uns Lacan daran, dass Liebe immer Liebe zum Namen sei: die Liebe zu einem Subjekt, das sich nicht in die anonyme Reihe der Anderen einfügen lässt.

Wenn dieser Name auf seinen Lippen erschien, wurde also die Spur des verlorenen Objekts jedes Mal erneuert. Sie war nicht mehr da, und doch überlebte in der zwanghaften Wiederholung ihres

Namens eine schwache Spur ihres Wesens. Auf diese Weise war das Objekt noch nicht ganz verloren, oder besser gesagt, obwohl es verloren war, bestand es beharrlich fort, existierte weiter, wenn der Mann ihn aussprach. Er wiederholte ihn wie einen vertrauten Klang, als wolle er sich nie ganz von ihm lösen, um die Illusion der Anwesenheit des verloren Objekts noch am Leben zu erhalten. Auf diese Weise versuchte er, das Loch, das ihre Abwesenheit unumkehrbar hinterlassen hatte, in eine, wenn auch minimale, Form der Anwesenheit zu verwandeln.

Es kam auch vor, dass er sich selbst den Namen seiner Frau zurief, wie man es in Selbstgesprächen tut. Der Name war der melancholische Rest, den die erzwungene Erfahrung der Trauer nicht aufzulösen vermochte. Dies erleben viele, die traumatische Trennungserfahrungen gemacht haben. Sie halten den Namen des geliebten Menschen (auch des Verstorbenen) auf den Lippen, um ihn wie eine Art heilsames Mantra auszusprechen. Ein Patient von mir, der von seiner langjährigen Partnerin verlassen wurde, konnte hingegen nicht einmal mehr ihren Namen schreiben oder lesen. Allein das Schreiben oder das zufällige Lesen des Namens der geliebten Frau reichte, um all den Schmerz zu reaktivieren, den ihm dieser Verlust verursachte. Er arbeitete in einem Büro, und jedes Mal, wenn er auf diesen

Namen stieß, konnte er ihn weder schreiben noch lesen. In diesem Fall war die Unfähigkeit, den Namen der Person, die ihn verlassen hatte, zu schreiben oder zu lesen, ein Weg, sich gegen die aufdringliche – und mittlerweile sogar verfolgende – Präsenz des Objekts zu wehren.

OHNE JEDEN ZEUGEN

Jede erlebte Trennung kündigt von der endgültigen Trennung durch den Tod, zu der die menschliche Existenz bestimmt ist. Betrachten wir nun die Erfahrung des Todes als solche. Beginnen wir mit folgender Frage: Wenn Menschen sterben, diese Welt verlassen und in das Reich der Toten eintreten, was geschieht dann mit denen, die in der Welt der Lebenden bleiben?

Im Tod nimmt die Trennung die reale Form eines Verschwindens, eines Weggehens an. Der Tote gehört per definitionem nicht mehr zur Welt der Lebenden. Er verweilt an einem anderen unzugänglichen Ort, den die *Odyssee* als den Hades, das Reich der Schatten, beschreibt. Diese Unzugänglichkeit impliziert, dass es keinen möglichen Zeugen »meines Todes« gibt, denn, wie Heidegger sagen würde, der Tod kann nur »mein Tod« sein. In der letzten, endgültigen Begegnung mit dem Tod kann der Sterbende seine Erfahrung nicht mehr mit den anderen teilen. Das Subjekt kann nicht von seinem eigenen Tod berichten, kann dessen Sinn nicht vermitteln, kann nicht Zeugnis ablegen von dem, was es erlebt hat. Nur die anderen, diejenigen, die zurückbleiben, nicht die, die gehen, können nach dem Geheimnis des Todes fragen.

In diesem Sinne kann Sartre in *Das Sein und das Nichts* schreiben, dass man, wenn man stirbt, »in die Hände der anderen fällt«. Es sind nur die anderen, die über den sprechen können, der gestorben ist. Denn wer gestorben ist, ist ohne Sprache, ohne Leben, nicht mehr unter uns. Aber das Leben, das nicht mehr im Körper haust, wo ist es hin? »Wo ist er oder sie jetzt?«; »Wo, an welchem Ort, in welchem Teil des Universums?«. Dies sind die Fragen, die sich die Lebenden stellen, wenn sie mit den Toten konfrontiert werden. Aber wir können nicht wissen, wo unsere geliebten Verstorbenen sind, und vor allem, ob sie an einem anderen Ort enden als dem, den ihr Leichnam nun eingenommen hat. Es ist kein Zufall, dass die Menschen schon immer an den Zeugnissen derer interessiert waren, die von ihrer kurzen Nahtoderfahrung berichten konnten oder angeblich Stimmen aus dem Jenseits vernommen hatten. Die Lebenden möchten etwas über ihre Toten wissen. In der menschlichen Geschichte scheinen die Besuche von Geistern aus dem Jenseits eine Art anthropologische Konstante zu sein. Es wurden sogar ausgeklügelte Geräte fabriziert, die vermeintlich die Stimmen unserer Toten aufnehmen und eine Art Kontaktaufnahme mit deren Geistern ermöglichen konnten. Wenn die Erzählung des eigenen Todes unmöglich ist, weil kein Zeuge den eigenen Tod überleben kann, ist es vielleicht möglich, die geisterhaften Existenzen unserer verstorbenen Angehörigen aufzuspüren, aufzuzeichnen, die Zeichen zu sammeln, die aus ihrem geheimnisvollen Reich stammen. In Wirklichkeit kann jedoch niemand wissen, was nach dem Tod geschieht. Die einzige objektive Tatsache ist, dass das Leben zu Staub zerfällt, zu einem leblosen Körper wird, der ins Grab sinkt, wie es im biblischen *Buch Kohelet* heißt.

Unsere Frage betrifft jedoch die Wirkung, die dieses dramatische Verschwinden des Lebens in denen hervorruft, die am Leben bleiben. Wenn mein Tod mich nicht als Zeugen haben kann, wenn der Bericht über meinen Tod eine unmögliche Erzählung ist, wird er dennoch zu einer zwingenden Erfahrung für die, die am Leben bleiben. Es sind die Lebenden, die die Folgen des Verschwindens derer, die sterben, ertragen müssen. Es beginnt mit dem Bestattungsritual, das den symbolischen Abschied des Verstorbenen von denen, die noch am Leben sind, darstellt.

Mit gutem Grund verortet Lacan den Ursprung der Humanisierung des Lebens in diesem Ritus. In der Tierwelt gibt es in der Tat keinen vergleichbaren Ritus. Durch den symbolischen Charakter des Bestattungsrituals und der Bestattungspraxis kann man zwar den Schmerz des Verlustes nicht tilgen, aber es wird damit signalisiert, dass das menschliche Leben, anders als das tierische Leben, der Erinnerung bedarf, um nicht endgültig zu sterben.

Ohne dieses Ritual kann der Tod noch grausamer erscheinen, als er an sich schon ist. Das Leben würde dann enthumanisiert, reduziert auf das »nackte Leben«, auf ein anonymes Leben ohne Namen. Deshalb fordert Sophokles‘ Antigone die Bestattung ihres im Kampf gefallenen Bruders, auch wenn sie damit gegen das Gesetz des Königs Kreon verstößt. Das ist es, was in Kriegen oder Epidemien geschieht: Massengräber machen den Tod anonym, der Tod beraubt das Leben nicht nur des Lebens, sondern auch des Eigennamens, der so unkenntlich wird. Das ist ein zweiter brutaler Tod neben dem ersten Tod, nach dem natürlichen Tod: Der Tod des Körpers fällt mit dem Tod des Namens zusammen, während der Beerdigungsritus den symbolischen Wert des Namens als etwas, was den Tod überdauert, anerkennen will.

Trauer ist der schmerzhafte Zustand, der denjenigen befällt, der bleibt und seine totale Ohnmacht angesichts der absoluten Macht des Todes einsehen muss. Die Erfahrung der Trauer betrifft jedoch, wie wir gesehen haben, nicht nur den physischen Tod von Menschen, mit denen wir verbunden waren, sondern sie begleitet notwendigerweise jede Trennung. Wie viele Abschiede, wie viele Trennungen, wie viele Verrate, wie viele Enttäuschungen, wie viele Schmerzen haben sich als eine Art Todesfall erwiesen, der uns eine Zeit der Trauer auferlegt?

Wollen wir Freuds Lehre folgen, sollten wir zunächst zwischen der Erfahrung von Trauer als Reaktion auf ein Trennungsereignis als solches und der Erfahrung der Trauer als Arbeit unterscheiden. Die Erfahrung der Trauer als solche ist die unmittelbare Folge des Traumas des Verlustes. Sie geschieht angesichts des Todes eines geliebten Menschen, aber auch angesichts des Endes einer Liebe, einer wichtigen Freundschaft, einer familiären Bindung, jeglicher Beziehung, die für uns von Bedeutung war. Aber sie kann uns auch ereilen, wenn wir eine Stadt oder ein Land verlassen, in dem wir aufgewachsen sind, oder wenn ein kollektives Ideal, an das wir fest geglaubt hatten, zusammenbricht und keine Chance auf Wiederherstellung hat. Kurzum, jede Erfahrung von Trauer drängt sich auf, wenn wir dem endgültigen Verlust eines Objekts ausgesetzt sind, das unserem Leben einen Sinn gegeben hat.

Der psychische Schmerz, der mit der Erfahrung der Trauer verbunden ist, ist aber ein Schmerz, der nicht nur aus dem Verlust eines narzisstisch besetzten Objekts, wie Freud sagen würde, entsteht, sondern vor allem aus dem Verlust des Sinns, den die Präsenz dieses Objekts der Welt verliehen hat. Die Ablehnung der Welt, die die Zeit der Trauer begleiten kann, macht deutlich, dass die Welt nicht mehr ist, wie sie vor dem Trauma des Verlustes war, und dass die Welt, wie sie nach diesem Trauma geworden ist, eben nicht mehr dieselbe ist, und nun drastisch zurückgewiesen, als eine fremde und feindliche Welt erlebt wird. Damit fällt der Verlust des Objekts mit dem Verlust der Welt selbst zusammen.

Es ist eine Verkettung: Wir verlieren das Objekt, das der Welt einen Sinn gab, aber gleichzeitig verliert – unvermeidlich daraus folgend – auch die Welt ihren Sinn. Die seismischen Wellen, die durch das Trauma des Verlustes entstehen, wirken auf die Welt, indem sie deren symbolische Ordnung verändern. Aus diesem Grund ist die Erfahrung, die wir nach einem schweren Verlust machen, das Gefühl, die Welt nicht mehr so vorzufinden, wie wir sie bislang kannten, und unseren Platz in dieser Welt nicht mehr wiederzufinden. In ihrer Mitte entsteht eine Art Loch, das unsere Existenz destabilisiert. Die Wirklichkeit erscheint uns nun anders, fremd, schmerzlich unerbittlich. Denn einerseits ist sie dieselbe Realität wie vorher, andererseits hat sich ihr Bild unwiederbringlich verändert.

Die Abwesenheit des verlorenen Objekts stellt sich nicht bloß als Leere dar, sondern als etwas, das auf die gesamte Welt ausstrahlt und sie unkenntlich macht. Nicht zufällig trugen trauernde Menschen in der Vergangenheit – und noch heute in manchen Gegenden Italiens – strikt Schwarz, und zwar während der gesamten Trauerzeit. Dies sollte einen Zustand der Ausgrenzung, des Lebensrückzugs derjenigen signalisieren, die nicht nur ein geliebtes Objekt, sondern auch den Sinn ihrer Welt verloren haben. Schwarz löscht in der Tat alle möglichen Farben der Existenz aus.

Das Ende einer Liebesbeziehung eignet sich zur Verdeutlichung dieser psychischen Katastrophe. Wenn das geliebte Objekt verschwindet, hört, wie wir gesehen haben, die gemeinsame Welt auf zu existieren. Was bleibt, ist eine andere Welt, eine Welt, die wir nicht mehr begehren, weil es niemanden mehr gibt, der uns erwartet. So überlagern sich in jeder Trauerreaktion zwei Leerstellen: jene, die das verlorene Objekt in der Welt hinterlässt, und jene, die dieser Verlust in der Realität des Subjekts verursacht. Die Welt ist sinnentleert, weil das, was der Welt Sinn gab, verschwunden ist. Der Leere, die sich in der Welt aufgetan hat, entspricht die Leere, die sich im Subjekt auftut. Mein Leben, wie die Welt, wird als sinnlos erlebt.

Der Schmerz der Trauer nimmt zwar das Verschwinden des Anderen wahr, ist aber noch nicht in der Lage, die Trennung vom Anderen zu symbolisieren. Das Trauersubjekt fährt fort, Schwarz zu tragen, ausgeschlossen von einer Welt, die es nicht mehr anerkennt, und von seinem eigenen Leben, das ihm fremd geworden ist. Was hier betont werden muss, ist, dass das Verschwinden des Anderen – sein Nicht-mehr-da-Sein, sein Verschwinden aus der Wirklichkeit – keineswegs mit der Symbolisierung der Trennung, d.h. mit ihrer tatsächlichen Introjektion zusammenfällt. Dies ist ein zentraler Punkt unserer Argumentation: Das *Verschwinden des Anderen*, das die Trauererfahrung bestimmt, fällt keineswegs mit der *Trennung vom Anderen* zusammen. Im Gegenteil, die Zeiten des Verschwindens und der Trennung treten zwangsläufig versetzt auf: Der Verlust des Objekts führt de facto eine Trennung ein, aber diese Trennung muss vom Subjekt symbolisiert werden, damit sie psychisch verdaut werden und das Leben zu seiner verlorenen Fülle zurückfinden kann. Die Schwierigkeit, die wir oft beim Akzeptieren des Verlustes beobachten, hängt genau damit zusammen, dass die Trennung vom Objekt nicht symbolisiert und introjiziert, sondern unbewusst abgelehnt wird.

Aus diesem Grund bedeutet die emotionale Reaktion des Trauerns nicht die tatsächliche Introjektion der Trennung. Eher im Gegenteil: *Die Trauer zeigt, dass das verlorene Objekt noch präsent ist, dass es ein Schatten ist, der unserem Leben anhaftet.* Es ist wie der Name der geliebten Frau, der sich dem Mann, über den wir schon geschrieben haben, wie im Zwang auf die Lippen legt. Es ist dies eines der empfindlichsten Paradoxa der Trauererfahrung: Das geliebte Objekt ist nicht mehr da; es ist tot, verschwunden, *aber seine Abwesenheit ist die beunruhigendste Form seiner Anwesenheit.* Diese Abwesenheit, die mich umgibt und mit der nackten Tatsache konfrontiert, dass der Andere mich nicht mehr erwartet und ich ihm nicht mehr fehlen kann, ist also keine echte Abwesenheit, sondern eine radikale Form der Anwesenheit. Gerade weil er nicht mehr da ist, persistiert der Andere in der heftigsten Form der Sehnsucht, der Erinnerung, der wehmütigen Nostalgie, kurzum als Mangel, der unmöglich zu füllen ist. So bleibt die Zeit stehen, will nicht voranschreiten, kommt zum Erliegen. Der Schmerz der Trauer ist immer statisch; er schließt Bewegung und Veränderung aus, gerade weil er sich weigert, die Trennung vom verlorenen Objekt vollständig anzunehmen.

Ein Patient weinte ohne Unterbrechung während der gesamten Sitzung. Sein Weinen schien unkontrollierbar. Es handelte sich um einen Mann jenseits der 50, der versuchte, mit mir über den Tod seiner Frau zu sprechen. Die Wunde der Trennung schien sehr frisch zu sein, als wäre es erst gestern passiert. Sein ungepflegtes und verwahrlostes Äußeres erweckte den Eindruck, als hätte er gerade einen schweren Unfall erlitten. Er sah wie eine Art Überlebender aus. Aber als ich ihn fragte, wie lange seine Frau schon tot war, überraschte mich seine Antwort: »Zwanzig Jahre«, sagte er. Ein Zeugnis, gewiss, davon, dass die Zeit der Trauer ein Schwebezustand ist, eine eingefrorene, unbewegliche Zeit. Der Schmerz, den er empfand, als er mit mir über seinen Verlust sprach, war derselbe Schmerz, den er zwanzig Jahre zuvor erlebt hatte. Nichts hatte sich verändert, alles war gleichgeblieben; die gleiche Verzweiflung, das gleiche Gefühl des Verlassenseins, die gleiche Gewissheit, dass sein Leben keinen Sinn mehr haben würde.

Wenn die depressive Reaktion auf das Trauma des Verlustes länger andauert und seine Symbolisierung verhindert, wenn sie nicht nachlässt, wenn sie sich nicht erschöpft, sondern verfestigt, kann man von einer *melancholischen Stagnation der Trauer* sprechen. Die Melancholie ist in der Tat das Ergebnis einer nicht verarbeiteten Trauer, einer Chronifizierung der Trauer. Sie signalisiert die Schwierigkeit oder Unmöglichkeit des Subjekts, sich vom verlorenen Objekt zu trennen. Nicht nur erzeugt das Verschwinden des Objekts keine Symbolisierung der Trennung, sondern stärkt paradoxerweise die Verbindung mit demjenigen, der nicht mehr da ist.

Das melancholische Subjekt erlebt die Abwesenheit des Objekts als extremste Form seiner Anwesenheit, indem es den Trauerzustand zu seinem eigenen permanenten Daseinszustand macht. Es löst sich nicht von demjenigen, der es verlassen hat. Das geht so weit, dass es sich vollständig mit dem verlorenen Objekt identifiziert. Die melancholische Angst ist speziell, weil sie keine »Angst vor dem Nichts« im Sinne Heideggers, sondern eine Angst vor einem Überschuss des Objekts ist. Das heißt: Das Objekt, wenngleich abwesend, ist in Wirklichkeit überall, es durchdringt mit seiner Anwesenheit das ganze

Leben des Subjekts. Es ist ein paradoxer Zustand: Einerseits ist das Objekt nicht mehr da, andererseits aber ist es ständig präsent.

Die melancholische Angst ist, anders als die geläufigere Form der Angst, keine Trennungsangst, sondern eine Angst, die aus der Unmöglichkeit der Trennung entsteht. Statt der Trennung überwiegt hier, wie Freud in *Trauer und Melancholie* feststellte, eine »hartnäckige Anhaftung« an das verlorene Objekt, dessen Schatten unaufhaltsam auf das Selbst fällt. Folglich wird die Trauer nicht symbolisch verarbeitet, sondern auf unbestimmte Zeit verlängert. Das Band, das das Subjekt an das Objekt bindet, wird verstärkt, anstatt sich spontan zu lockern, wie es in Wirklichkeit geschehen sollte.

Die bizarre Anomalie der Melancholie, so Freud, entsteht aus der unerklärlichen Fixierung der Libido auf das verlorene Objekt. Unter dem Gesichtspunkt des Lustprinzips, das das Verhalten des Menschen bestimmt – nach Lust streben und Unlust vermeiden –, ist diese Verhaltensweise völlig rätselhaft. Warum wendet sich das Subjekt nicht woanders hin? Warum bleibt es im Leiden an ein Objekt gebunden, das nicht mehr existiert? Warum bewegt es sich nicht vorwärts? Warum bleibt sein Blick von der Vergangenheit magnetisiert, fixiert auf den verlorenen Gegenstand? Sollte die Kraft des Lebenstriebes nicht, anstatt an ein abwesendes Objekt gebunden zu bleiben, ihre libidinöse Energie in neue Objekte investieren? Warum also diese schmerzliche Treue zum verlorenen Objekt?

Wir stehen hier vor dem Geheimnis der melancholischen Reaktion im Angesicht der Trauer. Die melancholische Angst ist wie ein Mantel, der sich über das gesamte Sein legt, es seiner Zukunft beraubt und an eine idealisierte Vergangenheit kettet. Eine tiefgreifende Veränderung der Zeitlichkeit ist hier am Werk: Die regressive Neigung zur Vergangenheit bewirkt eine Art Amputation der Zukunft. Alles ist bereits geschehen, alles ist schon dagewesen und kann sich nur ohne Veränderung wiederholen. Die Wehmut wird von einer nostalgischen Grundstimmung begleitet; die Schuldgefühle verzehren die Erinnerung; die Idealisierung der Vergangenheit unterminiert die Möglichkeit einer Zukunft. Mit einem entscheidenden Zusatz: *Das Subjekt empfindet sich als schuldig für den Verlust, der ihn quält.* Die Verzerrungen der Erinnerung führen ihm so schonungslos seine unentschuldbare Verantwortung vor Augen : »Hätte ich ihr nicht gesagt, was ich ihr gesagt habe«, »Wenn ich nicht getan hätte, was ich getan habe«, »Wenn ich an diesem Tag anders gewesen wäre«, »Wäre ich nicht abgereist«, »Wäre ich liebevoller gewesen«, »Wenn ich ihr

Vertrauen nicht verraten hätte«, »Wenn ich ihr das Gefühl vermittelt hätte, wichtiger zu sein«. Die Liste der Selbstvorwürfe ist endlos. Die Last der Schuldgefühle stößt ein unaufhörliches Grübeln an, das das Werden in einer gefrorenen Zeit anzuhalten scheint. Selbstvorwürfe und Selbstverunglimpfung mahnen an die Schuld des Subjekts und an seine elende Existenz, die unwürdig geworden ist, gelebt zu werden. Der Verlust des Objekts wird auf diese Weise in sein Gegenteil verkehrt: Es ist das Subjekt, das sich verloren fühlt; es ist das Subjekt, das mit dem Verlust des Objekts sein ganzes Selbst verloren hat.

Auch das Gedächtnis scheint sich der normalen Funktionsweise des Erinnerns zu widersetzen. Während sich die Erinnerung gewöhnlich willentlich vom Subjekt hervorrufen lässt, oder, was bemerkenswerter ist, unwillkürlich und zufällig auftauchen und eine ergreifende, aber vitale Sehnsucht nach der verlorenen Zeit auslösen kann – wie Proust in seiner *Recherche* auf unvergleichliche Weise zeigt –, drängt sich in der Melancholie die Erinnerung an das Objekt auf, als wäre es das einzige, was wirklich existiert. Alles wird zurück gesogen; die einzige Gegenwart ist die des bedauerten Objekts, die allgegenwärtige Abwesenheit des verlorenen Objekts. Dies ist die »verfolgende« Dimension der melancholischen Erinnerung: Die Abwesenheit des Objekts ist eine akute Form der Präsenz, die das Subjekt belagert und quält. Es ist also nicht das Subjekt, das sich, wie bei der normalen Trauer, an den erinnert, der nicht mehr da ist, sondern es ist derjenige, der nicht mehr da ist, der seine Anwesenheit aufzudrängen scheint in einem fortwährenden *Erinnerungszwang*. Die Erinnerung steht im Dienst der unaufhörlichen Selbstvorwürfe, ausgelöst durch das Schuldgefühl. Das melancholische Subjekt ist ein von der Trauer gedemütigtes Subjekt, weil die Trauer nicht zur Trauerarbeit werden kann, sondern sich zu einem untröstlichen Leid verfestigt.

UNMÖGLICHE TRAUERFÄLLE

Eine Patientin von mir hatte das Zimmer ihres jugendlichen Sohnes so belassen, wie es war, als sie sich zum letzten Mal von ihm verabschiedete, bevor er an einem kalten Februarmorgen zur Schule ging. Er kehrte nie nach Hause zurück. Sein junges Leben wurde durch einen tragischen Autounfall beendet. Er war ihr einziger Sohn, ihr geliebtes Wunschkind. Von diesem Tag an war ihr Leben zerstört. Sie beschloss daraufhin, das Zimmer ihres Sohnes so zu halten, als ob die Zeit an jenem schrecklichen Morgen stehen geblieben wäre. Diese Entscheidung zeigte die offensichtliche Schwierigkeit der Frau, mit der grausamen Trauerarbeit fortzufahren. Alles musste so bleiben, als würde ihr Sohn, der das Haus verlassen hatte, früher oder später zurückkehren. Alles in diesem Zimmer blieb, wie es war, wie um zu unterstreichen, dass der Tod ihres Sohnes keinen angemessenen psychischen Raum finden, nicht verdaut, nicht psychisch verarbeitet werden konnte.

Dreißig Jahre waren vergangen, aber in Wirklichkeit hatte sich die Zeit in der Zeitlosigkeit des Traumas verankert. Die Frau hatte sich nach und nach aus dem Leben zurückgezogen: zuerst gab sie ihre Arbeit auf, dann trennte sie sich von ihrem Mann, schließlich brach sie alle sozialen Bindungen ab. Die Geburt einer Nichte, die an einer schweren Missbildung litt, hatte ihre ohnehin prekäre Ordnung weiter ins Wanken gebracht. In der unerwarteten »Monstrosität« dieser Geburt hatte sie die Grausamkeit des Schicksals wiedererlebt, die dreißig Jahre zuvor über ihr Leben hereingebrochen war. Die Sorge um die Nichte überschnitt sich mit der noch nicht verarbeiteten Trauer über den Tod ihres geliebten Sohnes. Die melancholische Angst war in ihre Existenz eingedrungen und verstellte den Weg der schwierigen Trauerarbeit. Der traumatische Charakter des Verlustes hatte sie einzig in eine Richtung gedrängt: An die Wehmut um das Objekt gefesselt zu bleiben, vom Schuldgefühl erdrückt, versunken in der Idealisierung der Vergangenheit, hindert nämlich das Leben daran, voranzuschreiten. In diesem Sinne ist auch die klinische Grundlage der Melancholie – wie Freud zeigte – die unbewusste Identifikation mit dem verlorenen Objekt.

Eine andere Patientin von mir hilft uns, diesen Identifizierungsprozess zu verstehen. Im Alter von 20 Jahren verlor sie ihre Mutter an einen äußerst aggressiven Brustkrebs. Zwanghaft taucht das Bild der leidenden, abgemagerten Mutter im Krankenhausbett in der Erinnerung der Patientin auf. Sie hatte sie während des langen Leidensweges mit Hingabe begleitet, aber nach ihrem Tod manifestierte sich bei ihr statt der Trauerarbeit eine Magersucht. Sie hatte sich unbewusst in das geliebte und verlorene Objekt verwandelt, sodass sie selbst zu Haut und Knochen wurde, und zwar derart, dass sie die unheimliche Silhouette ihrer bettlägerigen Mutter reproduzierte. Sie glich sich ihr an, um nicht von ihr getrennt sein zu müssen, um zu ihrer Verlängerung zu werden.

Auch in diesem Fall wird deutlich, wie das Verschwinden des Liebesobjekts – sein Verlust in der Realität – keineswegs mit der symbolischen Trennung vom Objekt zusammenfällt. Das Objekt ist nicht mehr da, aber es ist, als sei es dem Subjekt einverleibt in einer bloß imaginären Introjektion, die sich weigert, den realen Verlust psychisch zu verarbeiten. Im konkreten Fall handelt es sich um eine Art Mimesis, bei der sich das Subjekt, das den Verlust erleidet, wirklich mit dem verlorenen Objekt identifiziert. Ihr Körper war buchstäblich zum Körper der Mutter geworden.

Dies ist eine typische Erscheinungsform der Melancholie: *Die Identifikation mit dem verlorenen Objekt ist die melancholische Alternative zur Trauerarbeit.* Ein endloses Verlängern der Trauerreaktion aber verhindert oder erschwert ihre symbolische Ausarbeitung und hält so den Prozess der Trennung vom Objekt auf. Die unbewusste Identifizierung mit dem verlorenen Objekt wird zu einem Weg, sich nicht von ihm trennen zu müssen, seine Präsenz zu bewahren, seinen Verlust de facto zu leugnen. Wie dieser Fall deutlich zeigt, geschieht dies nicht nur in der Erinnerung, in der Wehmut oder in der Idealisierung, sondern auch, indem man das Objekt absorbiert, sich mit ihm identifiziert und selbst am Ende zu diesem Objekt wird.

VERWERFUNG DER TRAUER

Angesichts eines traumatischen Verlustes ist die häufigste psychische Tendenz, denjenigen, der nicht mehr da ist, zu idealisieren, seine Grenzen und

Schwächen auszublenden, um seine Tugenden und Vorzüge zu betonen. Diese Art der Idealisierung ist auch Teil der melancholischen Kristallisierung von Trauer. Unsere Ansprüche, auch die aggressiven, an die Person, die gegangen ist und uns alleine zurückgelassen hat, werden abgeschwächt oder gar verdrängt. Im Vordergrund bleibt nur noch das anbetungswürdige Bild des Objekts.

Die Idealisierung neigt dazu, die Trauerarbeit zu verlängern, wenn sie das Subjekt nicht sogar zwingt, diese gänzlich von sich zu weisen. Dies kann auch im Leben eines Liebespaares vorkommen: Die idealisierte Erinnerung kann die Schattenseiten und zweifelhaften Eigenschaften der Person, die uns verlassen hat, verdecken. In der Idealisierung weicht die Ambivalenz, die es in jeder Bindung gibt, einer einseitigen Darstellung des Objekts, das zu einem unerreichbaren und unvergleichbaren Ideal wird. In Wirklichkeit ist es aber gerade der Verlust, der es zum unersetzlichen Objekt macht. Auf diese Weise stößt die Trauerarbeit auf ein schwer zu überwindendes Hindernis. Unter anderen Umständen jedoch kann das Trauma des Verlustes bewusste oder unbewusste Aggressionsschübe auslösen. Wie Freud ebenfalls gezeigt hat, kann sich in diesen Fällen der Vorwurf gegen das Objekt – es ist schuldig, uns verlassen zu haben – leicht in einen masochistischen Selbstvorwurf verwandeln.

Hass und Verachtung (Entidealisierung) können die gleiche Intensität haben wie das Ausblenden von Fehlern und die Verherrlichung von Tugenden (Idealisierung). Die Frau, die, als sie im selben Haus lebte, das Objekt ständiger Vorwürfe, Beschwerden und harscher Kritik war, wurde, als sie auf einmal weg war, von ihrem Partner – der inzwischen in eine tiefe Depression gefallen war – als einziger Lebenssinn wahrgenommen. All die Fehler, die er zuvor nicht gescheut hatte, ihr vorzuhalten, waren plötzlich verschwunden und wichen einer idealisierten Darstellung. Was nun dominierte, war ihr »außergewöhnlicher« Charakter; »unersetzlich«, »einzigartig«, »wunderbar« sei sie. Jeder Versuch des Analytikers zu zeigen, dass diese nostalgische Idealisierung der Vergangenheit ein Weg war, die Trauerarbeit zu vermeiden, um die Anwesenheit des verlorenen Objekts in dessen Abwesenheit hinüber zu retten, fiel ins Leere oder stieß auf Irritationen. »Was wissen denn Sie, was diese Frau für mein Leben bedeutet hat? Warum verstehen Sie nicht, dass sie alles für mich war?« Die Erinnerung an seine harsche Kritik und seine offensichtliche Misshandlung der Ex-Partnerin schürte nur seine Aggressivität und sein Gefühl, zutiefst missverstanden zu werden. Denn nur sie, seine verlorene Frau, konnte ihn wirklich verstehen.

Bei diesem Patienten wiederholte die Idealisierung des verloren Objekts die Bindung, die ihn an ein ödipales Schema fesselte, bestehend aus einem gewalttätigen und sadistischen Vater und einer passiven Mutter, die diesem zu Diensten war. Es ist kein Zufall, dass die Idealisierung seiner Ex-Partnerin bei diesem Mann Schuldgefühle darüber auslöste, dass er sie verletzt hatte. Nur durch die Mobilisierung dieser Schuldgefühle konnte er symptomatisch versuchen, sich von der Identifizierung mit dem Tyrannenvater zu befreien, der seinem Opfer gegenüber zynisch und mitleidlos war.

Wann also wird die Trauer abgestoßen? Wenn die melancholische Idealisierung des verlorenen Objekts dazu neigt, in eine Art Halluzination umzuschlagen, die seine Anwesenheit, trotz seiner Abwesenheit, allgegenwärtig macht. Streng klinisch gesehen, ist die Halluzination in der Tat die pathologischste Alternative – neben Gewalt, Somatisierung, Manie und Melancholie – zur Trauerarbeit. Bei der Halluzination ist das Objekt nicht verloren, sondern erscheint als stets anwesend. Halluzinieren heißt im traditionellen Vokabular der Psychiatrie, ein Objekt wahrzunehmen, das nicht da ist. Die klassische Definition lautet also: »Wahrnehmung ohne Objekt«.

Die offensichtlichste psychotische Form der melancholischen Halluzination wird von Freud eindrucksvoll beschrieben, wenn er in *Die Abwehr-Neuropsychosen* die Episode einer Mutter schildert, die ihr neugeborenes Kind verloren hat. Anstatt diesen schweren und grausamen Verlust zu verarbeiten, halluziniert sie ihr Kind in einem in Decken gewickelten Holzstück, das sie in den Armen hält. In diesem Fall ist es offensichtlich, dass die Halluzination an die Stelle des Objektverlusts tritt und so die versäumte Trauer ersetzt.

Es gibt jedoch auch weniger offensichtliche, eher transversale halluzinatorische Formen, die ebenfalls die allgemeine Not des Menschen angesichts des Traumas des Verlustes veranschaulichen. Da ist der Fall eines Mannes, der eine einschneidende Trennung von seiner Partnerin erlitten hatte, ohne diese Entscheidung in irgendeiner Weise verarbeiten zu können. Die Verweigerung der Trauer setzt sich gegen die Notwendigkeit der symbolischen Ausarbeitung der Trauer durch. Das Gesicht der Partnerin taucht wie eine Art Wahrnehmungsillusion überall auf: im Spiegel ebenso wie in jedem Winkel der Stadt. Dieser Mann kann den Drang nicht unterdrücken, stets nach der Frau zu suchen und sich in ihrer Gegenwart zu erniedrigen. Er hatte sich völlig in sich selbst zurückgezogen und die Ablehnung der

Trauer führte in diesem Fall zu einem totalen depressiven Abdriften. Die Idealisierung der Partnerin nimmt die extreme Form eines regelrechten Götzendienstes an. Im Gegensatz dazu empfindet sich das Subjekt als ein Nichts angesichts des unerreichbaren, überlebensgroßen Bildes der geliebten Frau. Je mehr das verlorene Objekt idealisiert wird, desto mehr empfindet sich das Subjekt als nutzlos und radikal abgewertet. Dies ist der melancholische Zug, der mit dem Trauma des Verlustes einhergehen kann: Die Idealisierung des verlorenen Objekts hält das Subjekt an das Objekt gebunden und macht die symbolische Verarbeitung des Verlustes unmöglich.

In der Melancholie bleibt das Subjekt tatsächlich in der Idealisierung des verlorenen Objekts gefangen. Je mehr das Objekt auf den Rang eines unerreichbaren und schuldhaft verlorenen Ideals erhoben wird, desto mehr fällt das Leben des Subjekts in die Bedeutungslosigkeit und verliert an Wert: *Das Objekt ist alles und das Subjekt ist nichts*. Wie wir gesehen haben, erleichtert das Verschwinden des Objekts dann keineswegs, wie man glauben könnte, die Trennung. Es heißt zum Beispiel, dass Königin Victoria, nach dem Tod ihres geliebten Prinz Albert, nicht nur für die nächsten vierzig Jahre Schwarz trug und öffentliche Auftritte für lange Zeit mied. Sie soll nämlich auch ihre Dienerschaft angewiesen haben, jeden Morgen Kleider für den Prinzen zurechtzulegen.

Die Tendenz, die Vergangenheit zu idealisieren, ist also eine besondere Variante der melancholischen Nostalgie. Wir werden im zweiten Teil des Buches auf dieses Thema zurückkommen. Dennoch bringt diese Idealisierung oft einen unbewussten Teil an Aggressionen mit sich. In diesem Sinne sind Idealisierung und Entidealisierung zwei Seiten einer Medaille. Bei der Idealisierung wird das verlorene Objekt als das vollendete Ideal des Subjekts dargestellt, während es bei der Entidealisierung als das schlechteste aller Wesen abgelehnt wird. In beiden Fällen wird also das Anderssein des Anderen halluzinatorisch verkannt: im ersten Fall, weil sich im Subjekt das Bedürfnis durchsetzt, sein eigenes, unverfälschtes Ideal weiter existieren zu lassen (Idealisierung); im zweiten Fall, weil man es verleugnen möchte, eben weil es unassimilierbar, unerreichbar, unantastbar ist (Entidealisierung).

Die Idealisierung der Vergangenheit – des verlorenen Objekts als unvergleichlichem Objekt – ist eine halluzinatorische Deformation der Realität, die letztlich darauf abzielt, den unübertrefflichen Charakter der Ideale unserer Kindheit zu bewahren. Das ist nämlich die Zeit, in der das das Phänomen der Idealisierung seinen Ursprung hat. Der Blick des

Kindes auf seine affektiven Objekte (Vater und Mutter) neigt immer dazu, die geliebten Objekte zu idealisieren. Die offensichtlichen Schwächen, die Fehler, sogar die möglichen bösartigen Charakterzüge des Objekts werden zugunsten einer idealen Darstellung tendenziell ausgeblendet.

Für Nietzsche ist dies der fundamentale Fehler, den die Monumentalisierung der Geschichte begeht: Sie macht aus dem Studium der Vergangenheit eine konservative Verehrung. Die Verehrung ist in der Tat ein wesentlicher Bestandteil der Idealisierung. Sie geht immer auf Kosten der Zukunft, denn die konservative Verehrung der Vergangenheit verhindert eine kritische Öffnung gegenüber der Zukunft. Auf diese Weise fällt die Idealisierung mit der Verstetigung der Objektpräsenz zusammen und dies nicht, *obwohl* das Objekt verloren ist, sondern *gerade, weil es verloren ist.*

Darin besteht der Gegensatz zwischen dem Prozess der Idealisierung und der symbolischen Trauerarbeit als Verarbeitung von Verlust und Trennung. Wenn in der Tat die Trauerarbeit, wie wir gleich noch deutlicher sehen werden, das Leben voranbringt, so bindet die Idealisierung es an die Vergangenheit. Es ist kein Zufall, dass die Ursache eines jeden Idealisierungsprozesses gerade die in der Kindheit erlebten Elternfiguren sind. Auf der anderen

Seite muss man aber bedenken, dass die Trennung für das Leben des Kindes notwendig ist, es also der Trauer über eben diese idealisierte Darstellung seiner elterlichen Imago bedarf. Wir sind hier mit einem dilemmatischen Bild konfrontiert, das lehrt uns die Erfahrung. Nehmen wir das Beispiel des Vaters: Wenn die Kinder einerseits dessen ideale Last – die übermäßige Idealisierung – nicht ertragen können und deshalb zur Trennung als Entidealisierung neigen, tendieren sie andererseits dazu, auch seine menschliche Zerbrechlichkeit nicht ertragen zu können und greifen daher auf seine Idealisierung zurück.

Die Verleugnung der Fragilität des Vaters – seiner Kastration – ist eine Möglichkeit, diese idealisierte Figur als sicheren Hafen zu bewahren. Die »Vatersehnsucht«, von der Freud in *Totem und Tabu* spricht, ist die Chiffre für diese Tendenz infantilen Ursprungs, sich vom eigenen idealen Vater beschützt fühlen zu wollen, um ihn nicht betrauern und sich nicht in die stürmischen Gewässer einer ungeschützten Existenz begeben zu müssen. Diese Sehnsucht ist offensichtlich eine Form der Idealisierung: Das absolute Vaterideal, das so typisch ist für die Kindheit, wird als Ausdruck einer Welt betrauert, in der es eine stabile und unveränderliche Ordnung gab, die das Leben des Sohnes sicher machte. Aber der Verlust des Vaters – die Trauer um den Vater – bleibt ein notwendiger Schritt, damit sich das Subjekt abgrenzen und dadurch als solches identifizieren kann. Nicht ohne Grund fällt in der Freud'schen Lehre der »Untergang des Ödipuskomplexes« mit dem Schritt der Trennung als Individuation des Subjekts in seiner Differenz zusammen.

Aber die Entidealisierung ist auch ein Weg, den notwendigen Schmerz der Trauer um den Vater zu verdrängen. Filiationen – zum Beispiel die zwischen Kindern und Eltern oder zwischen Lehrer und Schüler – neigen im Allgemeinen dazu, im Sumpf einer Beziehung aus idealisierender Verehrung oder rivalisierender Aggression zu versinken. Im biblischen Text, um nur ein wichtiges Beispiel zu nennen, steht Ham vor der entblößten und betrunkenen Leiche Noahs, dem legendären Vater der Arche und des neuen Bundes, und abrupt wird die Idealisierung des Vaters in ihre radikalste Entidealisierung verkehrt: Mit einem Schlag wird Verehrung zu offener Diffamierung. Ham (der Sohn Noahs) stellt ohne Scham oder *pietas* den nackten, betrunkenen Körper des eigenen Vaters zur Schau. Er zeigt weder Dankbarkeit dafür, in Sicherheit gebracht worden zu sein, noch symbolischen Respekt gegenüber seinem Vater, sondern einen Schändungstrieb mit offen vatermörderischer Absicht. Folglich ist seine Emanzipation nicht eine Trennung, die sich – wie es geschehen sollte – durch die Verarbeitung der Trauer um den idealen Vater vollzieht, sondern eine Ablehnung, die durch die moralische Herabsetzung des Vaters und durch den unbarmherzigen Vorwurf angesichts seines Genießens stattfindet. Allerdings bleibt auch hier die Idealisierung, obwohl sie sich in ihr Gegenteil, in Entidealisierung, verkehrt, eigentlich intakt.

Dies lässt sich auch in der analytischen Erfahrung beobachten: Eine Analyse, die mit der Entidealisierung des Analytikers beendet wird, symbolisiert keineswegs die Trennung, sondern bewahrt die Bindung an den Analytiker. Der Hass ist, wie Lacan einmal sagte, »eine Karriere ohne Grenzen«, da er, um zu bestehen, immer der Anwesenheit des gehassten Objekts bedarf. Daher ist er das Gegenteil einer symbolisierten Trennung. Die Sehnsucht nach dem Vater kann als die Kehrseite des Vatermords erscheinen, und umgekehrt kann der parrhizidale Trieb eine tiefe Sehnsucht nach dem idealen Vater enthüllen.

Deshalb fällt die für jede Generation notwendige Anerkennung des Untergangs des Vaters keineswegs zusammen mit der Leugnung der symbolischen Schuld, die die Kinder gegenüber ihren Vorgängern auf sich geladen haben. Idealisierung und Entidealisierung verunmöglichen – wenig überraschend – gleichermaßen die Dankbarkeit. Aus diesem Grund schlage ich im zweiten Teil des Buches die Nostalgie-Dankbarkeit als Begriff für eine gelungene Übergabe vor. Das ist natürlich eine ganz andere Form der Nostalgie als die melancholische, wie wir sehen werden.

DIE MANISCHE VERLEUGNUNG DER TRAUER

Die eigentliche Verwerfung der Trauer findet in der manischen Reaktion statt, die das extreme Gegenteil der melancholischen Reaktion darstellt. In *Trauer und Melancholie* schlägt Freud vor, die Manie als Kehrseite der Melancholie zu verstehen. Während die Melancholie als eine Art Chronifizierung der Trauer erscheint, manifestiert sich in der Manie eine radikale Verkennung derselben. Anstatt den Schmerz des Verlustes zu erleben, der den Zustand der Trauer kennzeichnet, stellt sich die Manie als unmittelbare Verleugnung der Trauer dar: Das verlorene Objekt wird weder idealisiert noch entidealisiert, sondern einfach vergessen, als unwichtiges, bedeutungsloses Objekt fallengelassen. »Er war nichts für mich«, »Sie war nichts wert«, »Er bedeutete nichts für mein Leben«. In der Manie wird das Trauma des Verlustes halluzinatorisch ausgelöscht. Die schmerzhafte emotionale Reaktion tritt nur kurz oder gar nicht auf, weil das Subjekt sich vor diesem Trauma schützt, indem es dessen Existenz vehement verleugnet.

Die manische Verleugnung des Verlusts bewirkt das genaue Gegenteil des Trauerverhaltens. Es herrschen vielmehr euphorische, hyperaktive, exaltierte Zustände vor, die in offenem Widerspruch zur Dramatik des Verlustes stehen. Es handelt sich um eine Art emotionales Ausblenden – Skotomisierung – des in Wirklichkeit, unbewusst, als unerträglich erlebten Verlustes. Daher die trügerisch übersteigerte Vitalität des Subjekts und seine unermesslichen Kräfte, die geschäftige Anhäufung von Projekten und Initiativen, die stets positive Aussicht einer verheißungsvollen Zukunft, die den Schmerz des Verlustes überholt und unnötig erscheinen lassen.

In der Manie ist die Zeit der Trauer nicht existent. Sie ist in der Tat die am weitesten verbreitete Haltung unserer Zeit: Niemand ist unersetzbar, so sagt man. Die Ersetzung des verlorenen Objekts durch ein anderes Objekt veranschaulicht den manischen Prozess der Verleugnung der Trauer sehr gut. Das ist es, was das hypermoderne System des Konsums offen fördert: Der Ersatz des verlorenen Objekts durch ein neues Objekt erscheint als das wirksamste Mittel, um die Angst vor dem Mangel zu vertreiben.

Das ständige Ersetzen von Objekten wirkt wie

ein Analgetikum gegen den Schmerz der Existenz und das Trauma des Verlustes. Der notwendigerweise introspektive Charakter der Trauer muss so schnell wie möglich dem Zwang zum Handeln weichen, der jede Nostalgie und jedes unnötige Hadern mit der Vergangenheit von sich weist. Es ist kein Zufall, dass, während das melancholische Subjekt von Schuldgefühlen erdrückt zu sein scheint, das manische Subjekt buchstäblich frei davon ist: Sein Größenwahn macht das Ereignis des Verlustes unbedeutend und nicht der Rede wert. Je schwieriger das Trauma des Verlustes zu symbolisieren ist, desto grandioser die Projekte, die die manische Verleugnung zutage fördert, um die erlittene Verletzung zu kaschieren und hinter sich zu lassen.

Während, wie wir gesehen haben, das Leben des melancholischen Subjekts mit einer unerträglichen Schwere behaftet ist, nostalgisch in Richtung einer unwiederbringlichen Vergangenheit geneigt, erscheint das Leben des manischen Subjekts leicht, hyper-hedonistisch, der ewigen Feier und einer hohlen Genusssucht gewidmet. Diese Unterschiede zeigen sich auch in der Körperhaltung: Während das melancholische Subjekt kein Lächeln zeigt, mit tiefer, monotoner Stimme spricht, ihm die Traurigkeit ins Gesicht geschrieben steht und es seinen Körper wie eine Last mit sich herumschleppt, spricht der

Maniker mit stets hoher Stimme, prahlerisch; er geht mit großem Schritt, die Müdigkeit kann ihm nichts anhaben, er ist voller Tatendrang, gar überschwänglich und legt ein offen exzentrisches und oft unangemessenes Verhalten an den Tag. Während sich das melancholische Subjekt wie ein Nichts fühlt, manifestiert sich im manischen Subjekt ein scheinbar strahlender Narzissmus.

Ein manischer Patient, Flugzeugpilot von Beruf, erzählte mir von seinen beeindruckenden beruflichen und sexuellen Leistungen, die er pausenlos erbrachte und die ihn jedes Mal dazu trieben, den Sinn für Maß und Mitte zu verlieren. Seine Gesprächspartner mit offenen Mündern zurückzulassen, war seine Art, sich den Respekt des Anderen zu verschaffen, der ihm in seiner Herkunftsfamilie gefehlt hatte. Der Vater, ein brutaler Erzieher und Alkoholiker, war ein anerkannter und geachteter Arzt, bis er durch eine Korruptionsaffäre in Ungnade gefallen war. Er zwang den Jungen, sein Frühstück im Winter auf dem Balkon zu sich zu nehmen, sein eigenes Erbrochenes zu essen und einen ganzen Tag lang in einer Ecke seines Zimmers zu stehen, wenn er es wagte, sich einer väterlichen Anordnung zu widersetzen. In diesem Fall hatte die Manie für den Betroffenen die Funktion, die durch den traumatisierenden Vater verursachte, tiefe narzisstische Verletzung zu kompensieren. Doch konnte diese Kompensation keine wirkliche Stabilität gewährleisten, da sie auf Abwehr statt auf symbolischer Verarbeitung der erlittenen Verletzung gründete.

Aus diesem Grund hatte das manische Verhalten des Subjekts nicht nur eine Schutzfunktion gegen eine starke melancholische Neigung, es trieb ihn auch immer zu lebensgefährlichen Risiken, was eine echte Todessehnsucht erkennen ließ. So etwa als er nach einer ganzen Nacht voller Sex und Drogen mit einer seiner vielen Geliebten im Auto davonbrauste, um den Flughafen in einer anderen Stadt zu erreichen und sofort zu einem neuen Ziel weiterzureisen; oder als er, um seine beachtliche körperliche Ausdauer unter Beweis zu stellen, im Sommer stundenlang, ohne jegliche Absicherung und ganz allein, an den steilen Berghängen der Dolomiten entlang kletterte.

Die Manie kann also nur zum Teil als Schutz vor der Gefahr des melancholischen Absturzes betrachtet werden, denn in Wirklichkeit manifestiert sich auch in der Manie, wie in der Melancholie selbst, ein zutiefst selbstzerstörerischer Trieb des Subjekts. Während aber in der Melancholie dieser Trieb mit dramatischer Deutlichkeit in Form von Selbstverachtung und Selbstvorwürfen, wenn nicht im offen suizidalen Verhalten zutage tritt, nimmt die Selbstzerstörung in der Manie Formen an, die weniger offensichtlich, aber deshalb nicht weniger verheerend sind.

Die grandiosen, manchmal geradezu größenwahnsinnigen Projekte, die sich als schreckliche Sprünge ins Leere erweisen, werden mit äußerster Leichtsinnigkeit verfolgt, was von einer ausgeprägten Neigung zum Scheitern und zum Zerstören der eigenen Ressourcen zeugt. Für Freud ist die manische Subjektivität strukturell von einer Verwirrung zwischen Ich und Ideal-Ich gekennzeichnet. Die extreme Idealisierung des eigenen Ichs ist es, die das Subjekt an einer angemessenen Einschätzung der Risiken und Hindernisse seiner Unternehmungen hindert. Die manische Geschäftigkeit, wie Binswanger es nennt, ist niemals bodenständig. Vielmehr handelt es sich um eine vertikale Geschäftigkeit ohne jede horizontale Stütze. Das Subjekt ähnelt dann einem Bergsteiger, der sich beim Klettern zu hoch hinausgewagt hat, bis zu dem Punkt, an dem er nicht mehr höher kommt, aber auch nicht mehr absteigen kann. Es ist kein Zufall, dass die manischen Subjekte oft ein regelrechtes Doppelleben zu führen scheinen. Ein falsches, aber erfolgreiches, und ein echtes Leben in tiefer Deprimiertheit. In den Nachrichten hört man häufig dramatische Berichte von den tödlichen Konsequenzen, die eintreten können, wenn diese »Lüge« aufgedeckt wird, wenn die wahnsinnige Maske des erfolgreichen Mannes zerbricht und die melancholische Verzweiflung so gewalttätig werden kann, dass sie den Betreffenden dazu bringt, sein eigenes Leben und das derjenigen, die er getäuscht hat, auszulöschen.

Das bipolare Prinzip von Melancholie und Manie – die Manie als Verteidigung gegen die Melancholie und die Melancholie als Objekt der Angst der Manie – erinnert uns daran, dass es eine gemeinsame Wurzel für diese beiden Seinsformen gibt. Es handelt sich um *zwei radikale Ablehnungen der Trauerarbeit*. In der Melancholie geschieht dies durch die unendliche Verlängerung des Trauerzustandes, in der Manie durch die unerbittliche Leugnung der Existenz der Trauer selbst.

TRAUERN ALS ARBEIT

Melancholische Verzweiflung und manische Verleugnung sind also unterschiedliche, scheinbar alternative Wege, die schwierige Erfahrung des Trauerns zu verwerfen. Der Traueraffekt kann sich in diesen Fällen verfestigen und chronifizieren – wie es in der melancholischen Reaktion geschieht; oder er wird einfach verleugnet und durch eine überraschende, neu entdeckte Energie ersetzt – wie es bei der manischen Reaktion der Fall ist. Es geht in jedem Fall darum, sowohl die Gefahr der Verstetigung der Trauer – Melancholie – als auch das Risiko ihrer schnellen Zerstreuung, der Manie, die in Wirklichkeit keine wirksame Bewältigung ist, zu vermeiden.

Um diesem doppelten Abgleiten entgegenzuwirken, muss die Erfahrung der Trauer als unvermeidlich schmerzhaft anerkannt werden – es gibt keine Trauer ohne Schmerz –, ohne jedoch chronisch zu werden, wie es in der Melancholie der Fall ist. Es muss stattdessen ein Weg gefunden werden, sie durch einen Prozess psychischer Arbeit zu verwandeln, der eine effektive Trennung vom verlorenen Objekt ermöglicht. Das ist, was Freud die »Trauerarbeit« nennt.

Der Unterschied zwischen Trauer und Trauerarbeit besteht darin, dass die Trauer eine psychische und emotionale Reaktion auf das Trauma des Verlustes ist, die auf unterschiedliche Weise und zu unterschiedlichen Zeiten erlebt werden kann, während die Trauerarbeit eine psychische Arbeit an der Erfahrung des Verlustes ist, mit dem Ziel, das Subjekt von der Last seines Schmerzes zu befreien. Es geht, wie wir sehen, um den Übergang von der Trauer als depressiver Reaktion auf das Trauma des Verlustes zur Trauer als symbolischer Arbeit, die versucht, die Last des Traumas psychisch zu bewältigen. Ohne diesen Übergang von der Trauer als depressiver Reaktion zur Trauer als Arbeit kann das Leben nicht zum Leben zurückkehren, weil es von der unendlichen melancholischen Trauer um das Objekt, das nicht mehr da ist, eingeschlossen oder in den illusorischen Spiralen der manischen Hyperaktivität gefangen bleibt.

Wir haben es bereits gesehen: In der Melancholie ist die imaginäre Identifizierung mit dem verlorenen Objekt das Gegenteil der symbolischen Trennung vom Objekt. Das Subjekt möchte das verlorene Objekt für immer festhalten, und dies auch, indem es mittels unbewusster Identifikation mit dem Objekt selbst die Trennung zu verhindern sucht. In diesem Sinne ist ein Teil der Trauerarbeit immer auch eine Bewegung der Entidentifizierung mit dem verlorenen Objekt als Voraussetzung für jede mögliche Trennung. Im Unterschied zu dieser Trauerarbeit verlängern Idealisierung und Entidealisierung – auf scheinbar gegensätzliche, aber tatsächlich übereinstimmende Weise – die idealisierende Identifizierung mit dem verlorenen Objekt. Die idealisierende Identifizierung ist eher auf der Seite der melancholischen Reaktion, die entidealisierende auf der Seite der manischen Verleugnung zu verorten. Die Trauerarbeit hingegen fördert eine wirksame Loslösung vom Objekt, was keineswegs die Anerkennung seiner Bedeutung und des durch seinen

Verlust entstandenen Schmerzes ausschließt (Manie ist der Versuch, den Schmerz der Trauer zu verleugnen), gleichwohl reißt es das Subjekt weg von seiner hartnäckigen melancholischen Bindung an das verlorene Objekt.

EINE FRÖHLICHE WISSENSCHAFT

In der Trauerarbeit wird die imaginäre Falle von Idealisierung und Entidealisierung vermieden, weil hier die volle Anerkennung des Wertes des verlorenen Objektes, seines unersetzlichen Charakters und seiner essentiellen Bedeutung für das Leben des Subjekts im Zentrum steht. Diese Anerkennung steigert zwangsläufig den Schmerz des Verlustes, anstatt ihn zu lindern, wie es paradoxerweise sowohl in der Melancholie (das Objekt ist noch vorhanden, wenn auch in Form von Abwesenheit) oder in der Manie (das verlorene Objekt ist bedeutungslos) der Fall ist. Die Trauerarbeit ist eine symbolische Arbeit am realen Verlust des Objekts, die es verhindert, dass das Subjekt im Abgrund der melancholischen Nostalgie versinkt oder sich manisch gegen das Objekt stellt, indem es jenes schnell durch ein anderes ersetzt. Sie bedeutet lange und mühsame psychische Arbeit. Sie ist ein Heilungsprozess, in dem sich die Lebenskräfte, die durch die schmerzhafte Erfahrung des Verlustes erschöpft sind, langsam erholen und erneuern.

Eine außergewöhnliche Beschreibung dessen finden wir in Nietzsches *Vorrede* zu *Die fröhliche Wissenschaft*, wo der Philosoph die Erfahrung der Trauer mit einem harten Winter vergleicht, der das Leben einfriert und, im Gegensatz dazu, die Trauerarbeit einem »Aprilwetter«, einem »Tauwind« gleichsetzt, der aus dem Süden kommend das Leben von der Eisschicht befreit. Hier wird der Heilungsprozess als Zustand der »Trunkenheit« beschrieben, weil er mit dem Ende des Winters und der Möglichkeit des Neuanfangs zusammenfällt. Die Libido muss zurückkehren, um neue Objekte besetzen zu können, um, wie Freud sagen würde, ihre melancholische Fixierung auf das verlorene Objekt aufzugeben, auf dass sie in den Besitz des Subjekts zurückkehre und dieses sie wieder neuen Objekten zuführen kann.

In einem anderen starken Bild stellt Nietzsche den furchtbaren und notwendigen Charakter der Trauerarbeit heraus. Ich beziehe mich auf das Bild des Seiltänzers in den ersten Kapiteln von *Also sprach Zarathustra*, der ein Leben in der ständigen Gefahr des Absturzes führt. Zarathustra–Nietzsche beobachtet voller Bewunderung die Entfaltung seiner Kunstfertigkeit auf dem über die Leere gespannten Seil. Dieses Bild symbolisiert den Versuch des Menschen, dem Schutz der Religion und des von der Moral gelenkten Herdendaseins zu entsagen, um sich dem tiefen Abgrund eines freien Lebens auszusetzen. Anders ausgedrückt: In der Kühnheit des Seiltänzers sieht Zarathustra-Nietzsche die Vorwegnahme seines Versuchs, die metaphysische Auffassung des Menschen zu überwinden, um diesen über sich selbst hinauszuführen, in Richtung des *Übermenschen*. Es überrascht nicht, dass sich Zarathustra in seiner Erzählung selbst als Seiltänzer über dem Abgrund inszeniert.

Damit eine neue Seinsweise für den Menschen möglich werden kann – damit sich ein Prozess von Subjektivierung oder, wie Jung sagen würde, Individuation, realisieren kann –, ist es nicht nur notwendig, den Tod des alten bzw. des »letzten Menschen« zu erfahren, jenes Menschen, der die »Treue zur Erde« ablehnt, der nicht auf Moral und Religion als Schutzschilde gegen das Risiko der Existenz verzichten will. Man muss auch die eigene Trauer um diesen Verlust durchleben. Auch muss man die eigenen Identifizierungen, das eigene Ego, die eigene Identität verlieren. Es ist kein Zufall, dass gerade der Auftritt eines Possenreißers das prekäre Gleichgewicht des Akrobaten zerstört und ihn zu Boden stürzen lässt. In Jungs Lesart handelt es sich bei diesem Bild um eine Verkörperung des Schattens. Doch als der Akrobat zu Boden fällt und kurz danach stirbt, beschließt Zarathustra, dessen Körper auf seinen Schultern zu tragen. Er weiß, dass das Wagnis, »Ja!« zum Leben zu sagen, die drohende Ankunft des Todes nicht abwenden kann.

Der Auftritt des Possenreißers verkörpert die Gegenwart des Unberechenbaren, des Unbeherrschbaren, des Exzesses, der sich nicht bannen lässt. Der stürzende Seiltänzer ist somit ein Symbol für die Unmöglichkeit, das Leben in seiner Fülle zu genießen, ohne das Risiko des Scheiterns und des Verlusts einzugehen. »Er schoss [...], wie ein Wirbel von Armen und Beinen, in die Tiefe«: Das Schicksal des Akrobaten ist unwiederbringlich besiegelt und ähnelt dem, was wir alle schon mehrfach erlebt haben. Zarathustra kniet vor dem zerschmetterten Körper und bietet, in einer Geste tiefer Vertrautheit, an, ihn mit seinen eigenen Händen zu begraben. Er gibt den Leichnam nicht auf, sondern bleibt bei dem Toten, wie es auch Sophokles' Antigone für ihren im Kampf gefallenen Bruder tat. Nietzsche-Zarathustra nimmt die schwierige Trauerarbeit auf sich, die jeder Beerdigung vorausgeht, sie begleitet und ihr meistens folgt.

Wenn sein Wort einerseits die »Treue zur Erde« jenseits jedes erdenklichen billigen Trostes – das große »Ja!« zur Existenz – predigt, so ist er sich andererseits der Notwendigkeit der Trauerarbeit bewusst; er kennt die furchtbare Härte des Winters. Deshalb bleibt er bei dem Leichnam des Akrobaten und trägt schließlich dessen Gewicht auf seinen eigenen Schultern.

Zarathustras Wanderung in der Dunkelheit des Waldes und der Nacht, den Leichnam des Seiltänzers auf den Schultern, ist ein kraftvolles Bild für die Trauerarbeit. Ist es vielleicht immer so? Tragen wir etwa nicht die, die wir geliebt und verloren haben, auf unseren Schultern? Ist dies nicht ein Bild des Daseins, das von Anfang bis Ende von unzähligen Toten geprägt ist? Wir müssen uns also Nietzsche-Zarathustra als jemanden vorstellen, der, mit der Last des Todes beladen, eine schwere Trauerarbeit durchmacht. Während die Menge, die dem Spektakel des Seiltänzers beiwohnte, sich vom Schauplatz der Tragödie schnell entfernt, weiß Zarathustra, dass die Trauerarbeit eine Arbeit ist, die die Nähe zu den Toten verlangt. Es ist eine einsame Arbeit, die nicht durch eine Masse bewältigt werden kann. Er weiß sehr wohl um den notwendigen Schmerz, den sie mit sich bringt.

Wenn man aber das Leben neu beginnen will, muss man die Schatten der Vergangenheit symbolisch begraben. Nicht um sie aus unserem Leben zu tilgen, sondern um ihre Existenz in unsere zu integrieren, ohne dass dieser Prozess eine melancholische Idealisierung hervorbringt. Wir werden später noch besser sehen, inwiefern dieser Prozess der Einverleibung des verlorenen Objekts von der melancholischen Identifizierung mit dem verlorenen Objekt zu unterscheiden ist. Für den Augenblick wollen wir uns mit der Feststellung begnügen, dass der Körper des Akrobaten – der, wir erinnern uns, ein Alter Ego Nietzsche-Zarathustras ist – hier gleichzeitig die Kühnheit des Lebens und dessen äußerste Fragilität symbolisiert. Dennoch kann das Gewicht des toten Akrobaten nicht lange auf Zarathustras Schultern lasten, weil es jeden Schritt erschwert und ihn am Weitergehen hindert.

Deshalb muss der schmerzhafte Moment der Beerdigung kommen, die allerdings erst am Höhepunkt der Trauerarbeit stattfinden kann. Die Beerdigung markiert die Trennung vom Akrobaten, die jedoch gleichzeitig eine tiefe Einverleibung ist. Aus diesem Grund legt Nietzsche-Zarathustra, nachdem er sein Kreuz, seinen eigenen gefallenen, wehrlosen und sehr zerbrechlichen Teil, getragen hat, den Seiltänzer in eine Baumhöhle.

In der Melancholie erzeugt die Unmöglichkeit des Trauerns den Tod des Subjekts, das sich mit dem verlorenen Objekt identifiziert. In der von Nietzsche-Zarathustra beschriebenen Trauerarbeit und in jeder bedeutenden Verlusterfahrung, der wir ausgesetzt sind, müssen wir das Gewicht des Toten auf unseren Schultern tragen, um später bei seiner Beerdigung eine Loslösung von dem Verlorenen zu vollziehen, die jedoch zugleich Einverleibung ist.

Doch wie wir gesehen haben, vergeht eine gewisse Zeit zwischen dem Sturz des Akrobaten und seiner Bestattung. Es ist eine Zeit des Dazwischen, die *Zwischenzeit*, die zwischen dem Trauma des Verlustes und seiner symbolischen Ausarbeitung verläuft. Diese Zwischenzeit ist die eigentliche Zeit der Trauerarbeit. Sie ist die benötigte Zeit für die Introjektion des Verlustes, ohne die kein wirklicher Abschied von den Toten möglich ist. Es ist eine Zeit zwischen zwei Toden: dem ersten, dem Sturz des Seiltänzers, und dem zweiten, noch schmerzhafteren, der Erkenntnis der Unumkehrbarkeit seines Verlustes, seiner Beerdigung in der Baumhöhle.

TRAUERARBEIT ALS ZWISCHEN-ZEIT

Die emotional-affektive Erfahrung der Trauer ist die Grundvoraussetzung der Trauerarbeit. Zuerst gibt es den Schmerz des Verlustes, die Zerrüttung unserer inneren und äußeren Welt, zunächst ist da der Tod des geliebten Objekts. Dann gibt es die Zeit der

Trauerarbeit, die Zeit der Introjektion, die uns auf einen zweiten Tod vorbereitet. Wenn der erste Tod mit dem Verschwinden des Objekts zusammenfällt, fällt der zweite Tod mit der Trennung vom verlorenen Objekt und mit seiner Introjektion zusammen. *Die Trauerarbeit ermöglicht den Übergang zwischen dem ersten und dem zweiten Tod, zwischen dem unumkehrbaren Verschwinden des Objekts und der Trennung vom Objekt.*

Es handelt sich dabei um Arbeit im engsten Sinne des Wortes. »Arbeit« bedeutet in der Tat ein schaffendes Umgestalten, die Erzeugung von Wert und die Neukonfiguration der Welt. Bleibt die Trauer ohne Arbeit, hat sie keine Chance, zum Ende zu kommen. Die melancholische Verlängerung der Trauer impliziert, wie wir gesehen haben, die Unmöglichkeit aller Arbeit und damit letztlich die Ablehnung der Trauer. Ist das der Fall, trennt sich das Subjekt nicht vom verlorenen Objekt, sondern identifiziert sich mit ihm bis zu dem Punkt, an dem es mit diesem Objekt übereinstimmt. Wie Freud in *Trauer und Melancholie* schreibt, fällt der Schatten des Objekts auf das Subjekt und bedeckt sein Leben vollständig. Der Schritt von der Trauer als schmerzhafter emotionaler Reaktion auf das Trauma des Verlustes hin zur Trauerarbeit als Symbolisierung dieses Verlustes muss vollzogen werden. Nur so kann sich das Subjekt aus dem unheimlichen Griff dieses Schattens befreien. Zwischen der ersten schmerzhaften Trauerreaktion angesichts des Verlustes und der Überwindung des Trauerzustands liegt die Zwischen-Zeit der Trauerarbeit.

Diese Zwischen-Zeit schließt zunächst einmal die (manische) Möglichkeit des *schnellen Trauerns* aus. Es gibt keine Arbeit, die es nicht mit der materiellen Dimension der Zeit aufnehmen muss. Freud erinnert uns eindringlich daran: Es braucht Zeit, damit die Trauerarbeit ihren Zweck erfüllen kann. Umgangssprachlich heißt es, die Zeit heilt alle Wunden. Für Freud ist diese Zwischen-Zeit technisch gesehen notwendig, um eine *Rückgewinnung der Libido* zu bewirken. Wir haben es gesehen: Das geliebte Objekt hatte die Libido des Subjekts auf sich gezogen. Wenn wir lieben, verarmen wir gewissermaßen, indem wir unsere Libido (unsere Energie, unser Verlangen, unsere Erwartungen) auf das geliebte Objekt lenken.

Freud bezeichnete diese Situation als »Überschätzung des Sexualobjekts«, verbunden mit dem imaginären Phänomen des Verliebtseins als Form der narzisstischen Idealisierung. Allerdings gibt das geliebte Objekt dem Subjekt einen Teil seiner Libido in dem Maße zurück, in dem es die Liebe erwidert. Dergestalt findet die Verarmung, die die Liebe zum

Objekt verlangt, eine Form der Kompensation, wenn sie ihrerseits vom Objekt zurückgeliebt wird. Aber wenn die Liebesbeziehung endet, wenn das Objekt unwiederbringlich verschwindet, bleibt unsere Libido wie vom Objekt beschlagnahmt, weil wir nicht mehr von der Rückgabe der Libido profitieren können, die das Geliebtwerden mit sich bringt. Die Verarmung wird also nicht ausgeglichen und das verlassene Subjekt nimmt sich selbst als wert- und hilflos wahr. Unsere Libido hat sich auf einem Objekt aufgetürmt, das, da es nicht mehr da ist, sie nun mit sich genommen hat. Wenn die libidinöse Investition, die dem Trauma des Verlustes vorausging, dieses Objekt zur Grundlage der Welt des Subjekts gemacht hatte, hat sein Verschwinden, wie wir gesehen haben, nicht nur die Entleerung der Welt, sondern auch die des Subjekts zur Folge.

Dieser Punkt ist Freud sehr wichtig: *Der Verlust eines bedeutenden Objekts impliziert immer den Verlust eines Teils des Subjekts*. Ich möchte es wiederholen: Wenn ein Liebesobjekt verloren geht, ist es nicht nur das Objekt, das verloren geht, sondern auch ein wesentlicher Teil des Lebens des Subjekts. Es handelt sich also um einen doppelten Verlust, verteilt auf zwei Seiten: Das Objekt verschwindet (Loch in der Welt) und das Subjekt wird entleert (Loch im Subjekt).

Aufgabe der Trauerarbeit ist die symbolische Ausgestaltung dieser beiden Löcher. Die Abwesenheit des Objekts haftet am Subjekt, als wäre sie eine Präsenz, die unmöglich zu unterdrücken ist. »Ihr Verlust nimmt so viel Platz in mir ein«, sagte eine Patientin in Bezug auf den Tod ihrer Mutter. Das Verschwinden des Objekts in eine Trennung vom Objekt zu übersetzen ist der ideale Ausgang der Trauerarbeit. Aber wie genau sieht diese Arbeit aus?

TRAUERARBEIT ALS ERINNERUNGSARBEIT

Die Trauerarbeit gestaltet sich in erster Linie als Erinnerungsarbeit. Das verlorene Objekt wird in all seinen möglichen Erscheinungsformen erinnert. Das passiert bei jedem Trauerfall: Das Verschwinden des geliebten Objekts bewirkt eine Reaktivierung der Erinnerungen, die wir mit diesem verbinden. Aber dies folgt keinem linearen Schema, das sich willentlich beeinflussen lässt. Es geht nicht darum, die Spuren derer, die nicht mehr unter uns weilen, durch

bloße Archivierungsarbeit zu ordnen. In der Erfahrung der Trauer erscheinen die Erinnerungen vielmehr in Form von blitzartigen Bildern, Ausbrüche der Vergangenheit oder anderen Erscheinungen, die sich nicht beherrschen lassen und die unser

Leben beharrlich stören. Die Vergangenheit drängt sich an die Oberfläche, kehrt gewaltsam ans Licht zurück und neigt dazu, jeden psychischen Raum zu besetzen: ihr Stock, ihre Ohrringe, ihr Parfüm, oder der Tabak, den er auf seinem Schreibtisch liegen ließ und dessen Geruch seine Haut imprägnierte, unsere Fotos, unsere Gewohnheiten, seine Kleidung, die Erinnerungen an unsere gemeinsamen Reisen, die Orte, an denen wir verkehrten, usw. Oft ist der Rückzug aus der Welt, der die Trauerreaktion begleitet, auch ein Versuch, die übermäßige Präsenz des Objekts durch die Erinnerung zu lindern. Dennoch ist diese Erinnerung selbst – da sie uns jedes Mal zurück zu der Erkenntnis führt, dass das geliebte Objekt für immer verloren ist – zu einer unerschöpflichen Quelle des Schmerzes geworden.

SCHMERZ UND ZEIT

Jede Trauerarbeit bringt zwangsläufig psychischen Schmerz mit sich. Dieser Schmerz geht automatisch einher mit den wiederkehrenden Erinnerungen. Wenn wir uns an die erinnern, die gegangen sind, bedeutet diese Erinnerung psychischen Schmerz für die Zurückgebliebenen. So wenig wie es Trauerarbeit ohne Erinnerung gibt, kann es Trauerarbeit ohne psychischen Schmerz geben.

In diesem Fall, anders als bei der nostalgischen Erinnerung, die stattdessen in der Lage ist, wie wir später sehen werden, dem Leben neue Kraft zu geben, fallen Erinnerung und Schmerz eng zusammen: In der Trauerarbeit bedeutet Erinnern notwendigerweise auch Leiden. Genau das will die manische Verleugnung der Trauer vermeiden, wenn sie das verlorene Objekt durch ein anderes ersetzt. Die manische Reaktion zielt in der Tat darauf ab, die Trauer schmerzfrei zu machen und den Verlust des Objekts in keiner Form zu verspüren. Bei der Trauerarbeit hingegen ist der Gang durch den Schmerz der psychischen Trauer unvermeidlich. Um nicht von der allgegenwärtigen Abwesenheit des verlorenen Objekts überwältigt zu werden, müssen wir uns die Bilder ins Gedächtnis rufen, gemeinsame Erinnerungen reaktivieren, die Welt, die wir teilten, wiederbeleben. Doch im Gegensatz zur Melancholie verschlingt der schmerzhafte Charakter der Erinnerung das Subjekt hier nicht vollständig. Das Subjekt versinkt zwar in der Abwesenheit des Objekts, aber nur, um wieder an die Oberfläche zu gelangen. Wir haben es hier nicht mit einem Fallstrick der Vergangenheit, die uns am Leben hindert, zu tun, sondern mit einer langsamen Metabolisierung des Verlustes durch das Erinnern und den psychischen Schmerz, der damit einhergeht. In diesem Fall stellt sich die zudringliche Präsenz der Abwesenheit (sie ist der unvermeidliche melancholische Hintergrund jeder Trauerarbeit) nicht der Entfaltung des Lebens entgegen, sondern sie wird zu einem Weg, das Objekt, das nicht mehr bei uns ist, in uns aufzunehmen. Es handelt sich hier um eine besondere Art von psychischer Inkorporation, auf die wir zurückkommen werden.

Die Erinnerung und der psychische Schmerz aber können nur durch ein Mehr an Zeit erfahren werden. Dies ist das dritte wesentliche Element, das jede Trauerarbeit verlangt. So wie es keine Trauerarbeit ohne Erinnerung und ohne psychischen Schmerz gibt, so gibt es auch keine schnelle Trauerarbeit, denn diese Arbeit, wie jede Arbeit, braucht Zeit. Deshalb gilt: Erinnerung, Schmerz und Zeit sind die drei primären und grundlegenden Elemente jeder Trauerarbeit. Zeit ist nötig, weil die Trauerarbeit die Alternative zur manischen Kurzschlussreaktion ist: »Vergiss es! Mach! Geh weiter! Blicke nicht zurück!«. Es gibt keine Zeit zu verlieren, es gibt keine Zeit zu verschenken an die, die nicht mehr sind, keine Zeit für den Gedanken an Abwesenheit. Der Tod eines Objekts drängt nicht zur Trauerarbeit, sondern zu dessen unmittelbarem Ersatz; er drängt nicht zum Denken, sondern zum Agieren. Dem manischen Subjekt erscheinen die Erfahrung der Trauer und die Arbeit daran als unnötige Verschwendung von Zeit und psychischer Energie.

Die Trauerarbeit dagegen verlangt dem Subjekt eine Zeit der Verarbeitung ab, die weder messbar noch a priori festzulegen ist. Wir wissen nur, dass die Abwesenheit des Objekts wieder und wieder durchschritten werden muss, bevor sie symbolisiert werden kann. Die Trauerarbeit verläuft niemals mit fortschreitender Linearität; sie ist keine Treppe, die man Stufe für Stufe hochgeht. Vielmehr entfaltet sich ihre Zeitlichkeit quasi spiralförmig, vorwärts und rückwärts, in einer Art psychischen Wellenbewegung, einem kontinuierlichen Hin und Her zwischen dem Leben des Subjekts und seinem eigenen Tod, in einer Art Oszillation zwischen gegenwärtiger Abwesenheit und abwesender Gegenwart des Objekts, zwischen Vergangenheit und Gegenwart.

Das ist die psychisch herausfordernde und sogar quälende Natur der Trauerarbeit: Immer wieder aufs Neue muss die Gegenwart des Objekts (in der Erinnerung, den Gedanken, der Vorstellung) auf den irreversiblen Charakter seiner realen Abwesenheit zurückgeführt werden. Und jedes Mal bewirkt diese Erfahrung der realen Abwesenheit die Wiederkehr der abwesenden Gegenwart des verlorenen Objekts (in der Erinnerung, den Gedanken, der Vorstellung).

Erinnerung, Trauer und Zeit sind unverzichtbare Elemente jeder Trauerarbeit. Das letzte Element, das wir hinzufügen müssen, ist das des Vergessens. Dies ist das Endergebnis der Trauerarbeit. Wann kann man sagen, dass eine Trauerarbeit abgeschlossen ist? Wann und wie kann sie zu Ende gehen? Für Freud hat diese Arbeit ihr Ziel erreicht, wenn sie es ermöglicht, dass die Libido zum Subjekt zurückgeführt werden kann.

Wenn, wie wir gesehen haben, der Verlust des Objekts dem Subjekt einen Teil seines Seins weggenommen hat, dann erlaubt die Trauerarbeit dem Subjekt – durch Erinnerung, psychischen Schmerz und die nötige Zeit –, wieder in den Besitz jenes Teils des Selbst zu gelangen, der durch das Trauma des Objektverlusts mitgerissen worden war. Auf diese Weise kann das Subjekt, nachdem es wieder in den Besitz seiner Libido gelangt ist, eine libidinöse Besetzung neuer Objekte in der Welt aufnehmen.

Die Trauerarbeit kann Freud zufolge dann als wirklich vollendet gelten, wenn die Abwesenheit des Objekts nicht länger als bedrückend erlebt wird, die Libido das Subjekt nicht mehr gefangen hält, wenn es dem Subjekt also möglich wird, ein eigenes vitales Begehren wiederzuerlangen. Paradoxerweise ereignet sich auf dem Höhepunkt der Trauerarbeit, die, wie wir gesehen haben, vor allem um die Erinnerung kreist, eine Art seltsames Vergessen: Das verlorene Objekt wird hier also »vergessen« in dem Sinne, dass seine Existenz das Leben des Subjekts nicht länger beansprucht. Das passiert, wenn Nietzsches Zarathustra beschließt, den Akrobaten, den er auf den Schultern trug, endlich abzulegen. Es ist kein Zufall, dass die Freud'sche Vorstellung von der Vollendung der Trauerarbeit tatsächlich einen nietzscheanischen Hintergrund erkennen lässt: Wenn die Kälte der melancholischen Objektfixierung langsam weicht, kommt die Kraft der »Aprilwetters«, des »Tauwinds«, der das Eis des Winters zum Schmelzen bringt und einen neuen Frühling einläutet.

Das Vergessen des Objekts, wie es auf dem Höhepunkt der Trauerarbeit erreicht wird, hat jedoch nichts mit dem Vergessen zu tun, das die manische Verleugnung kennzeichnet. Während bei dieser Negation das Subjekt das verlorene Objekt und das Trauma seines Verlustes so schnell wie möglich vergessen möchte, ja sogar dessen Existenz leugnen will, indem es der Erinnerung an das verlorene Objekt den prompten Ersatz desselben entgegenstellt, ist im Falle der Trauerarbeit das Vergessen keineswegs eine Alternative zum Erinnerungsschmerz. Es geht hier nicht darum, zu vergessen, um nicht zu leiden. Vielmehr ist genau dieses Vergessen das äußerst paradoxe Ergebnis der Verarbeitung: Man kann nur vergessen, weil man gelitten hat. *Man gelangt also nicht zum Vergessen, indem man die Erinnerung an das verlorene Objekt meidet, sondern indem man diese durchlebt.*

Die deutlichste subjektiv wahrgenommene Auswirkung dieser Trauerbewältigung ist ein Gefühl der Erleichterung; das Leben wird nicht mehr von der Last des Verlustes erdrückt. Das Vergessen, das durch die Trauerarbeit erreicht wird, ermöglicht eine Neuordnung der ganzen Welt des Subjekts. Was kann die Welt noch sein ohne die Anwesenheit des Objekts? Am Ende der mühevollen Trauerarbeit wird sich die Libido des Subjekts nicht länger auf die Abwesenheit des Objekts richten und wieder neue, reelle, Objekte besetzen. Aber für Freud ist es, als ob eine solche Neuordnung der Welt ein für allemal auf das verlorene Objekt verzichten könnte. Seine Auffassung von einer vollbrachten Trauerarbeit ist also letztlich idealistisch.

Dies ist ein höchst problematischer Punkt, den wir hinterfragen müssen. Was ist, wenn, anders als Freud es darstellt, die Trauerarbeit nie endgültig vollendet werden kann? Was, wenn, anders ausgedrückt, jede Trauerarbeit etwas Unfertiges hat, etwas Unvollendetes, ein Überbleibsel, einen Rest, etwas, das sich nie vergessen lässt? Was, wenn es keine Möglichkeit gibt, die melancholische Narbe zu heilen, die das Trauma des Verlustes in uns hinterlässt? All dies sind Fragen, die danach verlangen, die Vollendung der Trauerarbeit anders zu denken.

Meine These ist, dass diese Vollendung niemals ganz abgeschlossen werden kann, weil das verlorene Objekt selbst bei aller Trauerarbeit eine bleibende Spur im Subjekt hinterlassen wird. Das Problem besteht somit nicht darin, die Libido endgültig aus dem melancholischen Griff dieser Spur zu befreien, sondern diese Spur zu einer generativen Quelle von neuem Begehren umzuwandeln. Mit anderen Wörtern: Es bleibt immer ein Rest des verlorenen Objekts, der sich nicht vergessen lässt. Unsere Existenz selbst besteht aus diesen Überresten, den Überresten unserer zahllosen erlittenen Verluste.

»REFLECTING ABSENCE«

Anstatt eine lückenlose Vollendung der Trauer im freudschen Sinne anzustreben, sollten wir vielmehr davon ausgehen, dass, wenn es eine Vollendung der Trauer gibt, sich diese nur in der Anerkennung ihrer Unmöglichkeit realisieren kann. Anders ausgedrückt, besteht die einzige Möglichkeit, die Trauer zur Erfüllung zu bringen, darin, ihre strukturelle Unvollständigkeit anzuerkennen.

Nehmen wir ein Beispiel, das diesmal nicht aus meiner klinischen Erfahrung stammt, sondern einen höchst traumatischen Moment in unserem kollektiven Erleben betrifft. Es handelt sich um das große architektonische Werk zum Gedenken der Opfer des Terroranschlags auf die Twin Towers am 11. September 2001. Dieses Werk mit dem Titel *Reflecting Absence* wurde in New York an der Stelle installiert, an der die beiden Türme standen. Es bietet sich als außergewöhnliches Beispiel einer Trauerarbeit an, die vollendet ist in ihrer Unvollständigkeit. Das von Michael Arad und Peter Walker konzipierte Werk erblickte im September 2011, genau zehn Jahre nach dem tragischen Ereignis, das Licht der Welt.

Das Werk ist von äußerster kompositorischer Strenge: Es besteht aus zwei großen quadratischen Becken, in denen Wasser fließt und an deren Rändern die Namen der Opfer eingraviert sind. Die Installation, obwohl mitten in der Stadt gelegen, wurde an einem abgeschiedenen Ort aufgestellt, einem Ort der Stille, der zwar in der Stadt liegt, aber von deren chaotischem Verkehr geschützt ist. Das sanfte Hintergrundrauschen des Wassers schirmt die Installation noch mehr ab und scheint sie in eine Art Schwebezeit gleiten zu lassen. Das Wesentliche ist, dass dieses Werk das Grauen nicht verschleiert, die Leere weder füllt noch bannt. Im Gegenteil: Die Atmosphäre, die es umgibt, wird von einer nüchternen Ruhe getragen, die typisch für ein Grabmal ist.

So wird die Leere nicht nur nicht verdeckt, sondern in den Mittelpunkt des Werkes gerückt, wie an den beiden großen dunklen Hohlräumen in den zwei Becken ersichtlich ist. Auch die Präsenz der Namen derer, die an jenem schrecklichen Morgen ihr Leben verloren haben, folgen aufeinander wie in einem säkularen Rosenkranz. Hier findet kein Leugnen des Grauens, keine Leugnung also des Todes, keine Abwehr der Trauer, sondern eine Erhöhung der Wunde in die Würde der Poesie statt. Das ist es, was die Trauerarbeit in die Nähe der künstlerischen Sublimation erhebt.

Dies geschieht auch bei einer anderen außergewöhnlichen zeitgenössischen Kunstinstallation, die gerade die Trauerarbeit als Erinnerungsarbeit inszeniert. Ich spreche von dem Werk *Grande Cretto* (dt. *Der große Riss*), entworfen von Alberto Burri und im sizilianischen Belice-Tal auf den Trümmern der antiken Stadt Gibellina errichtet, die im Januar 1968 durch ein schweres Erdbeben zerstört wurde. Auch hier wollte der Künstler nah am Toten, nah am Negativen, nah am Schrecken der Zerstörung bleiben.

Einerseits wiederholt dieses außergewöhnliche

Werk das Trauma des Erdbebens – der Anblick des Cretto lässt jeden Betrachter innerlich beben –, in dieser Wiederholung wird aber das Trauma, wie in *Reflecting Absence*, in die Würde einer rein ästhetischen Form erhoben. Dies geschieht auch dadurch, dass das Weiß des Cretto – wie Burri es sich vorgestellt hatte: »Es musste weiß, sehr weiß sein« – das Licht an den Ort der Dunkelheit zurückbringt. Aber weniger, um den Tod abzuwenden, sondern vielmehr, um ihn in eine neue Form umzuwandeln. Die Trauerarbeit impliziert hier keinen manischen Abstand von der Wunde, sondern ihre Erhebung in die Würde eines poetischen Werks.

Anstatt die phallische Kraft der beiden Türme wiederherzustellen, die durch den Terroranschlag brutal enthauptet wurden, haben sich die Künstler von *Reflecting Absence* entschieden, in der Leere, der Abwesenheit, dem Riss, der die Erde geteilt hat, zu verweilen. Es handelt sich also nicht um ein monumentales Werk der Verschleierung des Tragischen, der defensiven Idealisierung, sondern um ein Werk, das sich bewusst mit dem Trauma des Verlusts auseinandersetzt.

Das Gleiche geschieht in Burris *Grande Cretto*: Das Werk versteckt die Ruinen der verloren Stadt nicht, sondern inkorporiert sie. In einer äußerst brillanten Intuition integriert der Künstler unter freiem

Himmel die offenen Trümmer der alten Stadt in den Cretto, so dass sie selbst das Material sind, aus dem das Werk besteht. Es geht also nicht darum, die Leere zu exorzieren, sondern, wie Lacan sagen würde, zu wissen, wie sie zu organisieren ist; es geht nicht darum, die Wunde zu vernähen, sondern darum, sie freizulegen. Die künstlerische Arbeit gleicht der Trauerarbeit insofern, als beide mit der Abwesenheit konfrontiert sind, die durch den Verlust der Präsenz des Objekts entsteht. Diese Konfrontation führt jedoch nicht zu einer melancholischen Lähmung, weil sie ein neues Objekt erzeugt, das zugleich das Ergebnis der Einverleibung des verlorenen Objekts und der Erzeugung einer neuen Form, als Effekt der singulären Symbolisierung des Traumas des Verlustes ist. Vollendung der Trauerarbeit heißt in diesem Fall, die Unmöglichkeit ihrer Vollendung anzuerkennen; es bedeutet, dass die zahllosen Toten dieser beiden Tragödien noch unter uns sind als Rest, den keine abgeschlossene Trauerarbeit jemals auszulöschen vermag. Nicht nur finden wir in diesen Werken weder manische Verleugnung noch melancholische Lähmung, sondern auch kein Vergessen im Sinne Freuds, das auf dem Höhepunkt der Trauerarbeit entstehen würde.

Vielmehr bleiben wir mit unserer Vergangenheit in Formen verbunden, die wir oft nicht einmal sehen, geschweige denn verstehen können. Derart ist die seltsame Faszination, die der Anblick von Ruinen auslösen kann. Beim Betrachten beispielsweise der Überreste des Forum Imperiale in Rom oder der spektakulären, immer prekär ausbalancierten Türme von Anselm Kiefer erfahren wir die rätselhafte Schönheit der Ruine. Etwas, das nicht mehr da ist, offenbart seinen untilgbaren Rest, der aber nicht mit dem unvergessenen abwesenden Objekt der Melancholie zu verwechseln ist, sondern als einzigartige Hinwendung zur Zukunft gesehen werden muss. Diese Empfindung stellt sich auch angesichts der riesigen Soldatenfriedhöfe in der Normandie ein. Die Vergangenheit erscheint hier nicht als fern und entrückt, sondern als nahe an unserer Gegenwart; sie durchdringt gleichsam unser Dasein. Freud würde diese Erfahrung als unheimlich bezeichnen: Fremdes vermischt sich mit Vertrautem und umgekehrt; etwas Fernes nähert sich und erscheint uns plötzlich ganz nah.

TEIL 2
Nostalgie

Die außergewöhnliche Schönheit der Orte, an denen er geboren und aufgewachsen war, offenbarte sich ihm auf Schritt und Tritt: in den bestellten Feldern auf den Hügeln, in den Trauben der Ebereschenbäume, die einen moosbedeckten Brunnen überragten, im dunstigen Rot eines riesigen Mondes. [...] Krymov hatte ihn schon oft gesehen, den russischen Herbst der Landschaft; er gab ihm ein Gefühl von Traurigkeit und Ruhe. [...] Jetzt aber sah Krymov alles mit neuen Augen. Und das Land des Herbstes erschien ihm nicht mehr langweilig und arm; Krymov sah weder den Schlamm noch die Pfützen, die nassen Dächer und die schiefen Zäune. Diese herbstliche Wüste hatte eine neue Schönheit erlangt, eine strahlende Feierlichkeit.

V. Grossman, *Stalingrad*

Das Verlangen, das die Nostalgie in sich trägt, ist nicht so sehr der Wunsch nach einer unbeweglichen Ewigkeit, sondern nach immer neuen Geburten.

J.-B. Pontalis, *Fenêtres*

Kommen wir noch einmal auf die grundlegende Frage zurück, mit der wir den ersten Teil dieses Buches beendet haben: Wann ist eine Trauerarbeit endgültig abgeschlossen? Wie wir gesehen haben, antwortet Freud darauf ohne Zögern: wenn das Erinnern an das verlorene Objekt innerhalb der notwendigen Zeit stattgefunden hat und wenn der akute psychische Schmerz, der mit diesem Verlust verbunden ist, endgültig erloschen ist. An diesem Punkt erdrückt die Last des Todes das Leben nicht länger und die Abwesenheit des Objekts ist keine quälende Präsenz mehr. Dann kann die Libido, die vom verlorenen Objekt beschlagnahmt wurde, zum Subjekt zurückkehren und es wird möglich, neue Besetzungen von neuen potentiell libidinösen Objekten zu mobilisieren. Auf die zwanghafte Erinnerung an das verlorene Objekt, die charakteristisch ist für den melancholischen Trauerzustand, würde dann – als Endergebnis der symbolischen Verarbeitung des Verlusts – eine Art Vergessen des Objekts folgen.

Freud zufolge ist es also möglich, die Trauerarbeit zu einem endgültigen Abschluss zu bringen. Das Objekt ist nicht mehr da, seine Nicht-Existenz ist ins Unbewusste des Subjekts aufgenommen worden; die Libido, die das alte Objekt besetzt hatte, zieht sich zurück, um wieder in den Besitz des Subjekts zu kehren, und das Leben beginnt von Neuem. Aber – das ist die Frage, die man Freud stellen sollte – bleibt wirklich nichts von dem verlorenen Objekt? Keine Spur von unseren unzähligen Toten? Wenn das Trauern, wie Freud uns gezeigt hat, mit jener Art von seltsamem Gedächtnisverlust zusammenfällt, bei dem wir das verlorene Objekt »vergessen« und es endgültig hinter uns lassen, wäre dann das verlorene Objekt wirklich endgültig verloren?

Das greifbare Zeichen der vollendeten Trauerarbeit ist ein Gefühl der Erleichterung, der erneuerten Energie, ein Effekt der fröhlichen Wissenschaft, wie Nietzsche sagen würde. Das Leben kehrt zum Leben zurück, indem es sich von der Last des *mortuum* befreit. Doch die klinische und die gelebte Erfahrung widersprechen dieser Darstellung von Trauerarbeit, weil es nicht immer möglich ist, die Präsenz des verlorenen Objekts restlos in uns aufzulösen. Denn jedes Mal, wenn wir eine traumatische Verlusterfahrung machen, schreibt sich etwas unauslöschlich in uns ein, es bleibt ein Rest, der nicht aufhört zu sein.

Die Freud'sche Konzeption der Trauerarbeit zeigt also eine idealistische Neigung: Das Objekt in seinem Anderssein wird durch die symbolische Arbeit des Subjekts aufgelöst. Aber das Gegenteil ist der Fall: Wenn wir gezwungen sind, eine Trauer zu verarbeiten, bleibt diese Verarbeitung nie ohne Reste. Nur die manische Reaktion will jede Erinnerung an das verloren Objekt dauerhaft unterdrücken. Das passiert zum Beispiel, wenn das Ende einer Liebe zu einer Vermehrung neuer Pseudo-Verliebtheiten führt. Wir haben es bereits gesehen: Anstatt die Trauer für diesen Verlust zu verarbeiten, geht man in diesen Fällen manisch dazu über, die Bedeutung des verlorenen Objekts zu leugnen und eine zwanghafte Ersetzung durch neue Objekte zu produzieren, die jedoch keinen Wert an sich haben, weil sie lediglich Surrogate für das verlorene Objekt sind. Das ist eine Gefahr, auf die, wie wir gesehen haben, Freud selbst hingewiesen hat.

Aber kehren wir zu unserer Ausgangsfrage zurück: Kann das durch die Trauerarbeit erzeugte Vergessen wirklich das schmerzhafte Festhalten der Erinnerung am verlorenen Objekt durchbrechen, ohne dass von dieser Erinnerung etwas übrig bleibt? Können wir unsere Libido wirklich vollständig zurückgewinnen, ohne dass ein Teil von ihr weiterhin am verlorenen Objekt haften bleibt? Bleibt nichts mehr übrig von dieser Liebe oder dem für unser Leben so wichtigen Leben? Kurz: Gibt es nichts, was eine vollendete Trauerarbeit überleben würde?

Jacques Derrida geht dieser Frage in *Marx' Gespenster* nach, wo er, gegen Freud, eindringlich darlegt, dass die Trauerarbeit niemals ohne Rest sein kann. Nicht nur gibt es also keine schnelle Trauer, es liegt auch in der Natur der Trauerarbeit selbst, dass sie kein eigentliches Ende finden kann. Vielmehr sollten wir eine *Trauer um die Trauerarbeit* leisten, wie Freud sie verstand, d.h. uns von der Idee einer symbolischen Arbeit verabschieden, die uns vollständig vom realen Gewicht des verlorenen Objekts befreien würde.

Die Erfahrung unserer unzähligen Todesfälle zeigt, dass jedes Mal, wenn es zu einer Trennung kommt, jedes Mal, wenn es einen traumatischen Schnitt zwischen uns und dem geliebten Objekt gibt, ein Teil von uns stirbt und ein Teil des verlorenen Objekts bei uns bleibt. Unsere Existenz bewegt sich vorwärts, aber so, als ob in jedem ihrer Schritte auch die Erinnerung an das, was war, mitläuft. Stimmt es also tatsächlich, dass, wie Freud meint, die Trauerarbeit eine Arbeit ist, die vollendet werden kann? Sollten wir diese Vorstellung nicht hinterfragen und stattdessen davon ausgehen, dass in jeder Trauer etwas unabgeschlossen bleibt? Dass die definitive Vollendung der Trauerarbeit letztlich ein unerreichbares Ideal ist und dass diese Arbeit nur eine unvollendete Gestalt annehmen kann? Etwas vom verlorenen Objekt bleibt immer, bleibt unauslöschlich, lässt sich nicht vergessen. Die Libido, die sich – wenn die

Trauer vollendet ist – vom verlorenen Objekt zurückzieht, um neue Objekte zu besetzen, zeugt von fließenden Energieströmen, die – außer in den pathologischen Formen der Melancholie – Behinderung, Stillstand und Blockaden zu ignorieren scheinen. Sollten wir nicht vielmehr denken, dass ein Teil dieser Störung, dieses Stillstands und dieser Blockade der Libido, ein Teil dieses trägen Widerstandes gegen den Fluss des Lebens notwendigerweise in uns bleibt? Ist dies nicht ein möglicher Ausdruck jener zähflüssigen Natur der Libido, die Freud selbst im Übrigen immer wieder betont hat?

ENDLOSE TRAUER

Eine Mutter erzählt mir von dem Verlust ihrer kleinen Tochter, den sie vor vielen Jahren erfahren hat. Die Tochter erlag nach monatelangem Leiden einer tödlichen Krankheit. Dieser Verlust fiel mit dem ersten depressiven Zusammenbruch der Frau zusammen. Sie hat das Gesicht ihrer ersten Tochter, das sich scharf in ihrem Gedächtnis eingeprägt hat, nie vergessen. Dennoch hatte sie im Laufe der Zeit ein emotional und beruflich erfülltes Leben. Nach der Trennung vom Vater des Kindes gründete sie eine neue Familie und baute sich ein neues Leben auf.

Was hat sie zur Analyse bewogen? Seit einiger

Zeit war die Erinnerung an ihre Tochter und an ihre eigene Ohnmacht angesichts der Krankheit wieder stark in den Vordergrund gerückt und beschäftigte sie. Und zwar seit sie von der Untreue ihres zweiten Mannes erfahren hatte. Die Worte, die sie benutzt, um ihren aktuellen Zustand zu beschreiben, sind dieselben, die sie benutzt, um das Gefühl zu schildern, das sie empfand, als sie mit dem Tod ihrer Tochter konfrontiert war: »Ich hatte das Gefühl, keinen Boden mehr unter den Füßen zu haben.«

Diese Untreue, ans Licht gekommen unter merkwürdigen Umständen, wirft die Ordnung ihrer Welt aus dem Gleichgewicht. Als sie sich dem Tod ihrer Tochter stellen musste, hatte sie das Bedürfnis verspürt, ihr Leben – affektiv und beruflich – radikal zu ändern. Nun ist es ihr auch in diesem neuen Schmerz nicht möglich, innezuhalten. Vor kurzem hatte sie geträumt, dass ihre tote Tochter sie anruft und bittet, sie zu besuchen. Die Frau war verzweifelt und drehte sich, noch im Traum, auf die andere Seite des Bettes, um ihren Mann um Hilfe zu bitten, bemerkte dann aber, dass dieser sich in einen Totenkopf verwandelt hatte.

Der »Rest« des Todes ihrer Tochter hat nicht nur als Hintergrundschmerz das Leben dieser Frau begleitet, sondern er wurde von einem neuen und großen Schmerz wieder entfacht: dem Betrug durch den geliebten Ehemann. Auch in diesem Fall reagierte sie mit einem depressiven Zusammenbruch. Keinen Boden mehr unter den Füßen zu haben ist ein Erlebnis des radikalen Wegbrechens von Sinn und Vertrauen in den Anderen. Als die Patientin mitten in ihren Teenagerjahren war, starb ihre Mutter, eine sehr gläubige Katholikin, genau wie später die Tochter der Patientin an einem Tumor. Damals verbrachte sie die Nächte mit Beten, aber kein Gott hat ihr jemals geantwortet. Die Todesfälle markieren den Lebensweg dieser Frau wie Feuer in der Nacht. Es ist kein Zufall, dass sie in ihrem Beruf mit Opfern zu tun hat. Der Einsatz für Benachteiligte und Misshandelte war ihre Art, die eigenen Verletzungen positiv umzuwandeln.

Wenn man das Leben dieser Frau betrachtet, kann man nicht anders, als den endlosen Charakter ihrer Trauerarbeit zu bemerken. Das kürzliche Wiederauftauchen des Bildes ihrer Tochter war nicht nur eine Bürde, die es zu vergessen galt, sondern ein Rest ihrer bereits geleisteten Trauerarbeit, der nicht beseitigt werden konnte. Die Nostalgie, die sie bei bestimmten Anlässen verspürte, wenn sie an die erlebten Glücksmomente mit ihrer Tochter und mit ihrer ersten Familie zurückdachte, bereitete ihr nicht nur Schmerz, sondern gab ihrem Leben auch einen Sinn. Aber zeugt das Auftreten des Nostalgiegefühls nicht mehr als jedes andere Gefühl vom unvergänglichen Charakter der Trauer? Jedes Mal, wenn unser Leben sich vorwärtsbewegt und von alten Bindungen trennt, löscht es diese nie ganz aus, weil eben diese Bindungen, im Guten wie im Schlechten, unsere Existenz als solche ausgemacht haben. Wir gehen vorwärts und tragen mit uns, was wir gelebt haben. Aus diesem Grund hat Henri Bergson die Zeit mit einem Schneeball verglichen, der vom Berg ins Tal herabrollend um den gesamten Schnee anschwillt, den er in seinem Lauf mitzunehmen vermag. Die Bindungen, die unser Leben genährt haben, bleiben diesem Leben eingeschrieben. Nicht nur die Bindungen, für die wir dankbar sein sollten, sondern auch jene Bindungen, die uns verwundet haben, die uns zu Fall gebracht oder einen Stich versetzt haben. Alles, was bedeutsam war für mein Leben (im Guten wie im Schlechten) und von dem ich getrennt wurde, ist Teil meiner Existenz und hat aus ihr gemacht, was sie heute ist.

Auch wenn die Trauerarbeit uns erlaubt, das Gewicht unserer Verluste nicht mehr auf den Schultern zu tragen und ins Leben zurückzukehren, bedeutet dies nicht, dass wir die Wunde leugnen können, die uns dieser Verlust unauslöschlich eingeprägt hat. Hier handelt es sich um einen Prozess der unaufhörlichen Vernarbung. Eine Narbe ist in der

Tat eine Spur, die sich auf dem Körper bildet und an eine Wunde erinnert. Wir können sie auch am Körper unserer Haustiere beobachten: das abgetrennte Ohr einer Katze, das an einen Kampf um die Verteidigung ihres Reviers erinnert; der hinkende Gang eines Hundes, in dem sich die Erinnerung an einen Unfall verdichtet, der ihm auf der Straße passiert ist.

Aber anders als bei den Tieren bleiben die psychischen Narben, wenngleich unsichtbar, ewig bestehen, sie hören nicht auf zu bluten, sie heilen niemals vollständig. Sie sind das sichtbare Zeichen für den notwendigerweise unvollendeten Charakter unserer Trauer. Aus diesem Rest, der weder vollständig in unser Ich integriert, noch einfach in Vergessenheit aufgelöst werden kann, wird das Gefühl der Nostalgie entstehen.

NOSTALGIE UND MELANCHOLIE

Trauer und Nostalgie erscheinen als zwei eng miteinander verknüpfte Begriffe. Dennoch dürfen sie nicht verwechselt werden. Wenn es auch stimmt, dass die Nostalgie auf der einen Seite immer einen melancholischen Zug aufweist, dass sie den Blick auf die Vergangenheit richtet, so können wir andererseits die Nostalgie nicht mit der klinischen Struktur der Melancholie gleichsetzen. Bei letzterer nämlich, wie wir im ersten Teil gesehen haben, wird die Trauerarbeit durch die Chronifizierung der Trauerreaktion unmöglich: Das Subjekt bleibt unbewusst mit dem verlorenen Objekt identifiziert. Es ist so tot wie die Person, die von ihm gegangen ist. Für Freud beinhaltet dies, dass sich das Subjekt im Trauerfall selbst so behandelt, als wäre es das verlorene Objekt, und so auf selbstzerstörerische Weise den Hass, das Ressentiment und die Vorwürfe, die sich in Wirklichkeit gegen das Objekt richten, entlädt.

Mit der Nostalgie betreten wir indes eine andere Welt, auch wenn im Mittelpunkt dieser emotionalen Erfahrung, wie bei der Trauer, immer noch das große Thema des Verlusts steht. Während die Trauerarbeit, zumindest Freuds Auffassung zufolge, uns letztendlich von dem verlorenen Objekt befreien soll, indem sie sein Verschwinden endgültig besiegelt, verschwindet in der nostalgischen Erfahrung dasjenige, das verschwinden sollte, nie vollständig. In diesem Sinne geht es hier um ein Gefühl, das uns vergegenwärtigt, dass es keine mögliche Erfüllung der Trauerarbeit gibt. Denn in der Erfahrung der Nostalgie werden wir von denjenigen heimgesucht, die verschwunden sind; von den Erinnerungen, den Empfindungen, den Bildern, die uns an das binden, was wir unwiderruflich verloren haben.

Überraschend kehrt diese Welt zurück, um uns

zu besuchen, klopft unerwartet an unsere Tür, macht sich also immer noch bemerkbar, auch wenn sie vom Nichts verschluckt wurde. Man ist vor allem nostalgisch mit Hinblick auf das, was verschwunden ist, all das, was nicht mehr unter uns ist, was war und nicht mehr ist. Aber das kann nur geschehen, wenn dieses Verschwinden in uns einen Mangel hinterlassen hat, den Abdruck einer Präsenz, die in der Abwesenheit fortbesteht, die nicht im Nichts enden will. Die Erfahrung der Abwesenheit ist in der Tat das, was das Verschwinden in einen Verlust verwandelt. Ich erlebe dann seine Abwesenheit als eine seltsame Form der Anwesenheit, denn sein Verlust ist nicht einfach eine Leere, die sich in der Welt aufgetan hat, sondern kann einem Magneten ähneln, der mich zu sich zieht. Aus diesem Grund verknüpft Lacan den Begriff des Verlustes mit dem der *causa*.

Der Tod eines geliebten Menschen wird als Verlust erlebt, wenn er eine Lücke in unserem Leben auftut, wenn die Person bei uns wieder in Form einer gegenwärtigen Abwesenheit auftaucht. Sie oder er ist nicht mehr bei uns, ist gestorben, verschwunden, aber sie oder er ist noch bei uns, bleibt unter uns und vergeht nicht, weil die Realität seiner oder ihrer Abwesenheit nie vollständig assimiliert, verarbeitet, psychisch verdaut werden kann. Als Nostalgie definieren wir also jenes Gefühl, das mehr als jedes andere den immer vorhandenen Rest der Trauerarbeit erhellt, die Unmöglichkeit ihrer endgültigen Erfüllung, sprich ihren unabschließbaren Charakter.

RÜCKKEHR UNMÖGLICH

Odysseus ist eine zentrale Figur der Nostalgie. Für diese Figur ist das verlorene Objekt seine Familie: Penelope, Telemachos und sein Heimatland. Auf seiner mühsamen Reise nach Ithaka erfährt Odysseus, wie schmerzhaft es ist, weit entfernt von zu Hause zu sein, was mit einer unbändigen Sehnsucht nach Rückkehr einhergeht: »ich wünsche [...] und sehne mich täglich von Herzen, wieder nach Hause zu gehn, und zu schaun den Tag der Zurückkunft«, sagt Homers Held im fünften Gesang der *Odyssee*. Er sehnt sich danach, dorthin zurückkehren, wo er einst war, muss aber jedes Mal schmerzlich einsehen, dass dies unmöglich ist. Eine mächtige Nostalgie überwältigt ihn, als er, in den Armen der Göttin Kalypso verloren, bereit ist, sogar auf das Versprechen der Unsterblichkeit zu verzichten, um nach Ithaka zurückkehren, um seine Gemahlin Penelope und seinen Sohn Telemachos wieder umarmen zu können.

Man kann die *Odyssee* nicht lesen, ohne dieser Sehnsucht nach Rückkehr gewahr zu sein, die einhergeht mit dem Schmerz des ständigen Aufschiebens ihrer Verwirklichung. Einerseits lockt Odysseus der laute Ruf seiner Heimat; andererseits scheint jede Anstrengung, die er unternimmt, um sich diesem Ziel zu nähern, dazu bestimmt, ins Gegenteil zu kippen. Darin ähnelt sein Streben nach Rückkehr, wenn auch in umgekehrter Richtung, dem Warten der Landstreicher in Becketts *Warten auf Godot*. In beiden Fällen scheinen sowohl die Rückkehr als auch das Warten Erfahrungen zu sein, die zum Schachmatt bestimmt sind. Es ist kein Zufall, dass Godot nie kommt und dass Odysseus nach einer einzigen Nacht auf Ithaka gezwungen ist, wieder in See zu stechen in Richtung eines unbekannten Landes. Als wollte er sagen, dass das Warten und die Rückkehr zwei Seiten einer Medaille sind, die sinnbildlich stehen für den unaufhörlichen und nostalgischen Charakter des Trauerns. Das Unendliche kann hier nur in seiner negativen Form erscheinen. Für Becketts zwei Landstreicher ist es die Erwartung einer Rückkehr, die sich nie zu realisieren scheint; und selbst wenn sich die Rückkehr, wie im Fall von Odysseus, endlich ereignet, erzeugt sie nur weiteres endloses Warten.

Das ist es, was Emmanuel Lévinas nicht zu denken vermag, wenn er in *Totalität und Unendlichkeit* Odysseus und Abraham einander scharf gegenüberstellt und aus Ersterem das Paradigma eines geschlossenen Kreislaufs macht, einer autistischen Rotation um die eigene Achse, einer totalisierenden und aneignenden Rückkehr zu sich selbst. Abraham hingegen wird dort zur Figur des Unendlichen ohne Totalität, des unbegrenzt Offenen, einer Reise in das Gelobte Land, die jede Form von Rückkehr prinzipiell ausschließt, eines entschlossenen Bruchs mit dem Ursprung, denn bekanntlich verlässt der Patriarch Abraham seine Heimat für immer mit unbekanntem Ziel (das Gelobte Land).

Wie wir soeben in Erinnerung gerufen haben, weiß jedoch auch Homers Odysseus um die Unmöglichkeit der Rückkehr, auch wenn er sie noch so herbeisehnt. Der Schluss der homerischen Erzählung zeigt, dass sich mit Odysseus' Rückkehr in seine Heimat nur scheinbar ein Kreis schließt. In Wirklichkeit ist diese Rückkehr gar keine, denn sie ist der Beginn einer neuen Reise, als wolle man damit betonen, dass das Warten und die Rückkehr (Odysseus und Abraham) zwei Facetten ein und derselben Wahrheit sind.

Odysseus wird Ithaka verlassen müssen, und zwar schon an dem Tag nach dem er, mit List und Gewalt, das Gesetz auf seiner Insel wiederhergestellt hatte und nach vielen Jahren die Liebe seiner Frau und seines Kindes wieder erleben durfte. Eine neue

Reise, die sich bereits als neues, endloses Warten ankündigt: Ein Ruder auf den Schultern tragend, wird er einem Volk begegnen, das das Meer noch nie gesehen hat, keine salzigen Lebensmittel isst und die Schifffahrt nicht kennt. Eine Reise also in ein nicht existierendes Land. Odysseus wie Godot? Ein weiteres vergebliches Warten auf die Rückkehr, auf das Ende der Reise, die Ruhe, eine weitere unmögliche Rückkehr.

Für Odysseus deckt sich die Erfahrung der Rückkehr nach der langen Fahrt keineswegs mit der endgültigen Verwurzelung des Subjekts am Ort seiner Herkunft, denn dieser Ort bleibt paradoxerweise verloren, für immer entrückt. Daher ist seine Rückkehr überhaupt keine Rückkehr. Aus diesem Grund beharrt Freud auf dem Zusammenhang des Gefühls der Nostalgie mit dem Streben des menschlichen Begehrens nach der inzestuösen Regression im Mutterkörper. Eben weil diese Rückkehr unmöglich ist, bleibt das Gefühl der Nostalgie sozusagen ohne Objekt. Es gibt in der Tat keine Heimat, zu der man zurückkehren kann, keinen Ursprung, den man anstreben kann, genauso wie es keinen Godot gibt und, wie Heidegger sagte, keinen Gott, auf den man warten kann.

Dies ist ein tragischer Kernsatz der Psychoanalyse: Die Rückkehr zur Mutter, zum ursprünglichen, intra-uterinen Leben, zu dem ungetrennten Einen, ist so sehr Wunsch wie sie Unmöglichkeit ist. Deshalb verortet Freud in der Mutterfigur das einzig mögliche Objekt der Nostalgie: die Rückkehr, die die unbewusste Matrix jeder Tendenz zur Rückkehr bildet, ist die Rückkehr zum Mutterkörper. Daher bezeichnet der Zustand des Exils nicht nur die Reise des Odysseus, sondern die eines jeden Menschen, der gezwungen ist, die Distanz zu akzeptieren, die ihn unwiderruflich vom Körper der eigenen Mutter trennt.

So spaltet sich die Figur des Odysseus genau wie die Nostalgie schlechterdings: auf der einen Seite der brennende Wunsch nach Rückkehr; auf der anderen die Unmöglichkeit der Rückkehr, die uns dazu zwingt, unsere Reise endlos fortzusetzen. Es ist kein Zufall, dass eine wiederkehrende Figur im biblischen Text – eine Figur, die als eine Definition des menschlichen Wesens erscheint – die des *Exodus* ist. Nostalgie ist also, wie wir sehen werden, nicht einfach die Sehnsucht nach Rückkehr, die der Erfahrung der Reise gegenübersteht, sondern die Wirkung einer seltsamen Koinzidenz, welche die Rückkehr mit der Erwartung und die Erwartung mit der Rückkehr verbindet. Der Begriff »Exil« leitet sich etymologisch in der Tat vom »Hinausgehen« und nicht nur von der »Exklusion« ab. Die menschliche

Existenz kann nicht mit sich selbst übereinstimmen; sie ist, wie Heidegger sagen würde, gezwungen zur *Ek-sistenz*, dazu, außerhalb ihrer selbst zu existieren, im Exodus, im Umherirren, auf einer ziellosen Reise. Aus diesem Grund befinden sich alle Figuren in Becketts Theaterstücken und Romanen ständig in diesem doppelten Zustand der Unmöglichkeit: »[...] nicht aufhören könnend, nicht weitermachen könnend, ich muß jedoch weitermachen, ich werde also weitermachen«, schreibt Beckett. Es ist unmöglich, zu sich selbst zurückzukehren, aber es ist auch unmöglich, nicht zu wünschen, zu sich selbst zurückzukehren. Nur das Exil bewahrt jedoch die Wahrheit des Wartens und der Rückkehr. Das ist es, was Lacan als die Nicht-Existenz des Geschlechtsverkehrs theoretisiert: Die beiden Liebenden können nie eins werden oder eins sein, weil der Wunsch, mit dem Anderen eins zu werden und eins zu sein, ständig durch die Bedingung des Exils, in dem sich die Zwei befinden, durchkreuzt wird.

In diesem Sinne lädt uns Vito Teti in seinem Buch *Nostalgia* dazu ein, darüber nachzudenken, dass die Nostalgie nicht nur diejenigen heimsucht, die gegangen sind und sich weit weg – im Exil – von ihrer Heimat und ihrem Zuhause wiederfinden, sondern auch diejenigen, die wartend zurückgeblieben sind. Wir sollten aber nicht, wie Teti vorschlägt, nur an die Figur der Penelope denken, die in einem ewig frustrierten Warten auf ihren Mann verharrt, sondern auch an diejenigen, deren Erwartungen an das Leben enttäuscht wurden. In diesem Fall bezieht sich die Nostalgie eher auf die Zukunft als auf die Vergangenheit. Ein Leben, das im Zeichen von Verzicht und Aufopferung gelebt wurde, verspürt Nostalgie nach einem erfüllten, nie gelebten Leben. Dies ist das Thema der verpassten Chancen, von dem, was hätte werden können und nie wurde. Es ist die Figur des »Anderswo«, in die jeder von uns die Silhouette der eigenen Sehnsucht projizieren kann und die verhindert, dass die Realität unsere Träume erdrückt.

Auch Erinnerungen haben den Charakter einer Rückkehr. Aber nicht einmal sie können die vollständige Wiederherstellung dessen gewährleisten, was wir einmal erlebt haben. Ganz im Gegenteil, das Drama der Nostalgie ergibt sich aus der Tatsache, dass das, was mit Intensität und Sehnsucht herbeigewünscht wird, unwiederbringlich ist. Es wird nie wieder so sein, wie es war. Es wird weder je dieselbe Zeit noch denselben Raum geben. Kant hatte in seiner *Anthropologie* darauf hingewiesen: Was das nostalgische Subjekt begehrt, ist nicht einfach, an die Orte seiner Jugend zurückzukehren, sondern seine eigene Jugend zurückzubekommen. Diese

Bewegung ist also zum Scheitern verurteilt, weil die frühere, ursprüngliche Welt, die der Nostalgiker herbeisehnt, nicht mehr existiert und es keinen Weg gibt, sie wiederherzustellen.

Es überrascht nicht, dass Sartre den Menschen als Reisenden mit einem Einfachticket betrachtete. Jeder Wunsch nach Rückkehr ist damit unterbunden: Es gibt keine Möglichkeit, nach dem Tod ins Leben zurückzukehren; es gibt keine Möglichkeit, in den Körper der Mutter zurückzukehren, es gibt keine Möglichkeit, unseren Ursprung zurückzugewinnen. Der Exodus der Existenz verunmöglicht die Schließung des Kreises und erzwingt eine Unendlichkeit ohne Totalität. Da es sich um eine Einfachfahrt handelt, sieht unser Ticket keine Heimreise vor. Wir bewegen uns in einem permanenten Zustand des Exils, eben weil es in Wirklichkeit keinen Ort gibt, an den man zurückkehren kann. Nicht der Ursprung, nicht die Heimat, nicht unsere Mutter. Die Etymologie des Wortes »Nostalgie« leitet es in der Tat vom Griechischen *nóstos* (Rückkehr) und *álgos* (Schmerz, Leiden) her: Es ist die Unmöglichkeit der Rückkehr, die den Schmerz verursacht, für den die Rückkehr das Heilmittel sein möchte.

Als Nietzsche von der ewigen Wiederkunft sprach, wollte er keineswegs auf die Möglichkeit einer Rückkehr vom Tod zum Leben anspielen – die

Vorstellung einer Auferstehung findet man bei ihm nicht –, sondern auf die Möglichkeit, dass alles, was wir in unserer Einfachreise erlebt haben, einen unerschöpflichen Wunsch nach Wiederholung wecken kann. Wir würden gerne wieder anfangen, den Zug wieder nehmen, der uns ans Ende unserer Reise gebracht hat, »Ja« sagen zu allem, was geschehen ist, im Guten wie im Schlechten, wir würden gerne nochmal reisen. Aber weder diese Möglichkeit – unsere Reise unendlich fortzusetzen – noch die Möglichkeit der Rückkehr werden in Betracht gezogen. Die Fahrkarte, die wir besitzen, bleibt ein Einfachticket.

NOSTALGIE-WEHMUT

In der *Odyssee* wird das Wort Nostalgie kein einziges Mal erwähnt. Dieses Wort taucht also nicht als literarisches Bild, sondern als psychopathologische Kategorie zum ersten Mal auf. Der Begriff wurde von einem jungen elsässischen Arzt erfunden, Johann Hofer, der ihn 1688 in seiner Dissertation der Medizin verwendet, um das Syndrom zu bezeichnen, das besonders Soldaten befällt, die zu Feldzügen fern ihrer Heimat gezwungen werden. Es handelt sich um ein Gefühl von *Heimweh**, ein Syndrom, von dem vor allem Exilanten oder Soldaten betroffen sind, die lange Zeit ihrem Zuhause fernbleiben müssen.

Der Begriff Nostalgie vermischt also die Figur der Rückkehr (*nóstos*) mit der des Schmerzes (*álgos*). Das könnten wir als das erste Gesicht des Nostalgischen bezeichnen. In diesem Fall scheint die Verwandtschaft mit der Melancholie sehr eng zu sein. Der Nostalgiker wendet seinen Blick auf die Vergangenheit, auf das Haus seiner Kindheit, auf sein Herkunftsland, auf die eigenen Ideale, auf die eigene Jugend, auf seine *Heimat**, auf all das, was unwiederbringlich verloren ist. Es ist kein Zufall, dass der klinische Begriff der Nostalgie gerade aus diesem Gefühl der Abwesenheit oder der Entfernung vom eigenen Herkunftsort hervorgeht. Diese erste Art von Nostalgie ist eine Variante der Liebesmelancholie. So wie der Liebende angesichts der Abwesenheit seiner Geliebten verzweifelt, so weckt die Abwesenheit der Heimat beim nostalgischen Subjekt ähnlich sehnsüchtige Verlustempfindungen. Der quälende Wunsch, in die Heimat zurückzukehren, ist genauso stark wie der Wunsch, die geliebte Frau wiederzusehen.

In der Nostalgie schließt das Verlangen nach dem verlorenen Objekt auf besondere Weise, wie wir gesehen haben, das *Phantom der Rückkehr* ein. Es geht darum, an die Orte unseres ersten Lebens zurückzukehren, an jene Orte, die wir verlassen mussten, deren mythologische und archaischste Figur, wie Freud betonte, die der Mutter ist. Nicht umsonst begriff er die menschliche Existenz als Produkt einer Reihe von Schnitten, von aufeinanderfolgenden Trennungen: von der Plazenta, von der Nabelschnur, von der Brust, von den eigenen Fäkalien usw. Aber die primäre Matrix all dieser Trennungen bleibt die vom Körper der Mutter, vom großen mütterlichen Haus. In jedem dieser Schnitte lagert sich eine Erinnerung ab, die das Leben auf jene Seite lenkt, auf den ältesten Ort, das Ursprünglichste und Vertrauteste, und es in Vertiefungen fixiert, die es in der Vergangenheit einschließen, anstatt es für die Zukunft zu öffnen. Die *Ek-sistenz*, die die grundlegende Offenheit für das Leben kennzeichnet – das Leben, das immer außerhalb seiner selbst *ek-sistiert* –, neigt also hier dazu, sich rückwärts zu bewegen, einen nostalgischen Drang zu manifestieren, an seinen Ursprungsort zurückzukehren.

Im Sinne Freuds neigt die Libido des Subjekts dazu, sich dort zu fixieren, wo der Schnitt seine Funktion erfüllt hat, um ebendiese Funktion zu negieren. Aber die regressive Fixierung der Libido – wie schon Kant auf seine Weise gezeigt hat – kann dem Objekt das Leben nicht wiedergeben; sie kann nur eine Reihe von Ersatzobjekten produzieren. Das ist zum Beispiel die Motivation für die Interpretation der Fresssucht oder der Nikotinsucht im Sinne Freuds: Die Libido, die sich in einem oralen Stadium fixiert hat, weigert sich, sich weiterzuentwickeln, widersetzt sich der Entwöhnung, lehnt den Verlust der Brust ab, bleibt nostalgisch an das verlorene Objekt durch Ersatzobjekte oder eben Surrogate gebunden: das Essen oder das Rauchen.

Die gleiche Dynamik betrifft die Kindheit im Allgemeinen, denn es gibt keine Kindheit, die nicht unwiederbringlich verloren ist. Die Idealisierung der eigenen Kindheit ist ein weiteres wichtiges Thema der melancholischen Nostalgie. Sie erscheint dort als Ort der Unbeschwertheit, des Überschwangs und der Freude, der Fürsorge und des Spiels, den die Entwicklung des Lebens unrettbar zerstört. Aber auch die verlorene Kindheit ist ein nostalgisch-regressives Gespenst, das dazu dient, das Leben vor den unvermeidlichen Turbulenzen der Existenz zu schützen.

Dieses erste Gesicht der Nostalgie ist also mit der melancholischen Kristallisation der Trauer, die wir im ersten Teil untersucht haben, sehr eng verbunden. Durchaus treffend definiert Jean Starobinski in *L'encre de la mélancolie* die Nostalgie als eine »Variante der Trauer«. Die Wehmut ist in der Tat ein Attribut, das in dieser ersten Version der Nostalgie ständig präsent ist. Wir können nicht umhin, hier an die

Figur des Odysseus zu erinnern, der im ersten Buch der *Odyssee* einsam auf dem Felsen sitzt und unglücklich ist, den Blick gerichtet auf das Meer und auf der unmöglichen Suche nach seiner verlorenen Heimat. Das Verlangen nach Rückkehr zeigt sich in der Haltung des homerischen Helden: Die Unmöglichkeit der Rückkehr zur eigenen Insel fällt bei Odysseus mit einer tiefen Todessehnsucht zusammen.

Das erste Gesicht der Nostalgie ist gekennzeichnet vom Drängen hin zu einer unvergesslichen Vergangenheit und gleichzeitig von der Unmöglichkeit, deren Existenz wiederzuerlangen. Das Phänomen der Idealisierung betrifft nicht nur die Beziehung des melancholischen Subjekts zum verlorenen Objekt, sondern auch das zum nostalgischen Denken. Sobald aber die Räume, die Umgebungen, die Dinge aus unserer Vergangenheit – aus unserer Kindheit – in der Wirklichkeit wiedergefunden werden, erscheinen sie wie geschrumpft, immer ein wenig schief, anders als wir sie gekannt haben, ungleich, das heißt: *immer schon verloren, auch dann, wenn wir sie wiedergefunden haben*. Die Lektion der Nostalgie ist, dass der Wunsch nach Rückkehr nie erfüllt werden kann, weil es keinen Ort mehr gibt, an den man zurückkehren kann. Dieser irreduzible depressive Kern begleitet die Wehmut: Der Schmerz der Nostalgie sieht in der Rückkehr sein Heilmittel, aber, wie Vladimir Jankélévitch treffend feststellte, verstärkt dieses Heilmittel selbst die Rastlosigkeit, die es heilen will.

Das gesamte Werk Pasolinis kann, wenn man so will, als ein zerrissener Ausdruck dieser Spannung verstanden werden, die diese Form der Nostalgie-Wehmut beseelt. Die absolute Liebe zu seiner Mutter Susanna widersetzt sich jeder möglichen Trauerarbeit. Das mütterliche Ding drängt sich als unersetzlich auf, indem es die Liebe des Dichters in Beschlag nimmt. Trieb und Liebe sind folglich gespalten: Mit der absoluten und unersetzlichen Liebe zur Mutter geht der rastlose Zwang zur sexuellen Ausbeutung anonymer Körper einher.

Die Unmöglichkeit des Zugangs zur Liebe signalisiert somit die Versklavung des Dichters an seine eigene Mutter, wie er ausdrücklich in einem bekannten Gedicht mit dem Titel *Bitte an meine Mutter* schreibt: »Denn in Dir ist die Seele, Du bist sie, aber Du bist meine Mutter und Deine Liebe ist meine Knechtschaft«. Die nostalgisch-infantile Bindung an die mütterliche Liebe erzeugt hier ein Gespenst des Ursprungs, das auch Pasolinis Deutung der historischen Zeit bestimmt. Wie ich in *Pasolini. Il fantasma dell'origine, Feltrinelli 2022* [*Pasolini. Das Phantom des Ursprungs*, nicht auf Deutsch erschienen, A.d.Ü.] zu zeigen versucht habe, kommt hier sein grundsätzlicher Rousseauismus zum Vorschein: Das historische Werden entfernt das Leben von seinem mythologischen Ursprung und entfremdet es in einer »Entwicklung ohne Fortschritt«. Daher seine nostalgische Wehmut für das Leben des Volkes, das dem der »Klassen« vorausging; für die Natur der friaulischen Landschaft und für das Subproletariat in den römischen Vorstädten, die der Industrialisierung vorausgehen. Aber auch für die dialektalen Sprachen, die dem Konformismus der vom Fernsehen aufgezwungenen Nationalsprache vorausgehen; und für den unschuldigen Körper der Volkskinder, der der vom »neuen Faschismus« der Konsumgesellschaft geforderten Stereotypisierung vorausgeht.

Die Stärke und Originalität von Pasolini liegen jedoch im zunehmenden Bewusstsein für die Falle der Nostalgie-Wehmut und ihrer Unmöglichkeit. Daher auch die kritische Haltung seiner »verzweifelten Vitalität«, die gerade eine Reaktion darstellt auf die nostalgische Sehnsucht nach einer Welt, die immer noch vom mythologischen Sinn für das Heilige behaust wird, aber in Wirklichkeit, und wie Pasolini sehr gut wusste, unwiderruflich verloren ist.

Diese erste Form der Nostalgie zeigt sich daher – um einen prägnanten Ausdruck von Pontalis zu verwenden – als eine »*Leidenschaft für das Unbewegli-*

che«: Das nostalgische Subjekt möchte das Werden der Zeit bekämpfen; die Entfremdung von seiner Mutter, von seiner Heimat, seinem Land, seinen Wurzeln verhindern. In seinen Augen hat sich die einzige Möglichkeit der Erlösung bereits ereignet und deshalb bleibt nur der beharrliche Versuch, diese zurückzugewinnen, sie wiederzubeleben, sie wiederzufinden. Das ist die absurde Anstrengung, die der Protagonist von Becketts *Das letzte Band* unternimmt: den Lauf der Zeit anzuhalten, indem er täglich die Vorkommnisse in seinem Leben auf Tonband aufzeichnet. Die gleiche Anstrengung unternahm ein früherer Patient von mir: Er fotografierte sich mindestens einmal täglich, in dem Versuch, den Gang der Zeit anzuhalten und jene Veränderungen unmerklich zu machen, denen die Zeit unser Gesicht stetig aussetzt.

Die Leidenschaft für das Unbewegliche will das Leben diesseits des Lebens halten. Dieselbe Logik finden wir im symptomatischen Geiz des Neurotikers wieder. *Der Geizige* von Molière ist sein reinstes Paradigma: Er will alles behalten, alles in einen Tresor verschließen; er konserviert, schützt seine Besitztümer vor der Abnutzung der Zeit. Aber in Wirklichkeit, wie ich bereits in *Le nuove melanconie* [nicht auf Deutsch übersetzt, A.d.Ü.] geschrieben habe, schützt sich der Geizige vor der bevorstehenden Bedrohung durch den Tod, der in der Tat jeden Besitz völlig nutzlos und überflüssig machen würde. Ist Geiz in diesem Sinne nicht eine regressive und symptomatische Form der Nostalgie? Gibt es eine Nostalgie, die dem Geizigen eigen ist? Liegt seine primäre Leidenschaft nicht etwa darin, alles zu bewahren, es vor dem Verzehr, vor dem Verfall der Zeit zu beschützen, es so zu belassen, wie es war, es nicht zu verändern, seine unveränderliche Existenz zu fixieren?

Die sogenannten Messies zeigen vielleicht das obszönste und impulsivste Gesicht dieser Leidenschaft: Die Wohnung wird zur Müllhalde, auf der alles – aber wirklich alles – gelagert werden muss. Der Schutt, die Abfälle, sogar die organischen Abfälle, nahmen den ganzen Wohnraum einer Frau ein, die seit Jahren verwitwet war und alleine lebte. Der Sozialdienst, der von den Nachbarn eingeschaltet wurde, stellte fest, dass diese Frau das Haus nicht mehr verlassen konnte. Die Tür ließ sich nicht mehr öffnen, weil die Wohnung bis in die letzten Ecken auf geradezu absurde Weise überfüllt war. Der Drang, alles festzuhalten, ausgelöst durch den nicht verarbeiteten Tod ihres Mannes, zwang sie, selbst der Abfall zu sein, den ihre Wohnung ausstieß. Sie wurde zu einer Ausgestoßenen, die nicht mehr leben konnte.

EINE ANDERE NOSTALGIE

Es gibt jedoch noch ein zweites Gesicht der Nostalgie. Im Vordergrund steht hier nicht der traurige Blick des Odysseus, der sich, auf den Horizont des offenen Meeres schauend, nach seiner Heimkehr sehnt. Auch nicht die melancholische Traurigkeit von Soldaten oder Seeleuten, die unter der Entfernung zu ihrer Heimat leiden. Bei diesem zweiten Gesicht der Nostalgie stehen nicht mehr die Vergangenheit und deren melancholische Idealisierung im Mittelpunkt, sondern die noch nie gesehene Beziehung zwischen der Vergangenheit und der Zukunft. Dies ist, nach Lacan, die doppelte Seele des menschlichen Begehrens: einerseits das Begehren als grundlegende Wehmut – Wehmut für das Ding, für den Körper der Mutter, für das immer verlorene Objekt; andererseits das Begehren als nie dagewesene Offenheit, als Spannung gegenüber dem Neuen, dem Anderswo, dem noch nicht Gesehenen, Bekannten, Erlebten. Auf der einen Seite also würde das Begehren eine grundlegende Sehnsucht nach dem verlorenen Objekt mit sich bringen, die eine ebenso unendliche wie unmögliche Suche nach sich zieht; auf der anderen Seite würde es den Drang zum Ausdruck bringen, dort zu sein, wo man noch nie war, hingezogen zum Ungesehenen, zum Anderswo.

Diese zweite Version der Nostalgie tendiert dazu, eher einem Licht zu ähneln, das neue Horizonte eröffnet. Es ist dieses Licht, das plötzlich das Gesicht des Protagonisten von Prousts *Recherche* in der berühmten Episode der *Madeleine* erhellt. In einem Augenblick wird die verlorene Zeit seiner Kindheit, jenseits jeglicher Intention des Ichs und von einem zeitlosen Ort, von einer anderen Szene heraus wieder erweckt: ein kleines Stück *Madeleine*, in einen Teelöffel Lindenblütentee getaucht, reicht aus, um eine neue und gleichzeitig alte Welt zu erschließen. »Die Wechselfälle des Lebens, seine Katastrophen, seine Kürze«, lösen sich auf, um einem »unerhörten Glücksgefühl« zu weichen. In diesem Fall unterdrückt die Rückkehr der Vergangenheit das Leben nicht, ruft es nicht zurück, verursacht auch keine Wehmut. Vielmehr ist es die Welt, die nun eine neue Farbe gewinnt. Diese Erleuchtung macht das Leben nicht traurig – sie hat nichts mit dem Erinnerungszwang zu tun, der den Melancholiker plagt –, vielmehr erscheint sie als eine wahre Heimsuchung der Vergangenheit, die dem Leben einen neuen Sinn schenkt.

Es handelt sich hier um eine ganz andere Erinnerung als die, die das unaufhörliche Wiederkäuen der Nostalgie-Wehmut antreibt. Es ist eine Erinnerung, die nicht nur das bewahrt und idealisiert, was bereits geschehen ist, sondern wie ein nie dagewesener Lichtstrahl in die Gegenwart einbricht, absolut neu und absolut alt, wie eine unerwartete Erscheinung. Der Faden der Zeit verknüpft so Vergangenheit, Gegenwart und Zukunft und erzeugt hier einen Kurzschluss, in dem jede zeitliche Ekstase in die andere übergeht. Was aus der Vergangenheit zurückkehrt, erscheint jetzt neu und kann das Leben wieder für die Pracht des Lebens öffnen, während in der Nostalgie-Wehmut die Zukunft des Lebens von einer Vergangenheit verzehrt und überflutet wird, die nicht vergehen will.

DAS LICHT DER TOTEN STERNE

Denken wir an das eigenartige astrophysikalische Phänomen des Sternenlichts. Dieses Licht, das wir so oft fasziniert am Himmel betrachten, hat, wie Wissenschaftler erklären, seine Quelle nicht in einem Stern, der tatsächlich im Weltraum existiert. Vielmehr erreicht es uns mit einer Verspätung von vielen, wahrscheinlich Millionen Jahren von einem bereits toten Stern, der im großen Dunkel des Universums verschwunden ist. Wenn wir in den Sternenhimmel über unseren Köpfen blicken, bewundern wir *eine Präsenz, die aus Abwesenheit besteht* oder *eine Abwesenheit, die präsent gemacht wird.*

Das Licht entspringt in der Tat aus einer Abwesenheit, die sich selbst zur Gegenwart macht, und aus einer Gegenwart, die eine Abwesenheit hervorruft. Wir sehen das Licht der Sterne, das im Dunkel der Nacht leuchtet, ohne zu bedenken, dass es von einem bereits toten Objekt ausgeht. Dies ist das eigentliche Gesicht der zweiten Nostalgie, der Nostalgie-Dankbarkeit: Das Vergangene ist nicht mehr unter uns, aber anstatt zum Gegenstand einer regressiven Wehmut zu werden, leuchtet es in seiner Abwesenheit und erreicht uns wie eine unerwartete Heimsuchung.

Claudio Parmiggiani hat dem Phänomen des Lichtes der toten Sterne eines seiner eindrucksvollsten Kunstwerke mit dem Titel *A lume spento* gewidmet. Es zeigt eine ausgeschaltete Petroleumlampe und einen Lichtschimmer, erzeugt durch ein zartgelbes Pigment, das nur auf eine Seite einer klassischen Kopfplastik projiziert wird. Mit der Anspielung auf De Chiricos Werk *Canto d'amore* scheint Parmiggianis Skulptur in einem nostalgischen Kontext zu verweilen. Aber diese Nostalgie wird nicht so sehr von dem Wunsch nach Rückkehr getrieben – der Stern, von dem das Licht ausgeht, ist für immer tot –, sondern von der Erfahrung einer unbekannten Heimsuchung. Auch wenn, wie sowohl De Chirico als auch Parmiggiani zeigen, das Licht der Kunst immer aus früheren Zeiten kommt, ist es deswegen nicht weniger neu. Ja, die Neuheit – wie Petrarca und die Humanisten ahnten – ist gerade in der Vergangenheit und im Umdenken derselben enthalten, denn wirklich modern kann man nur sein, wenn man in das Alte eintaucht.

Jedes Mal verwirklicht sich das Wunder der Form, wenn ein Licht, das von wer-weiß-woher kommt, aufleuchtet und uns überrascht. Sind nicht alle Werke der Kunstgeschichte wie tote Sterne, die weiterhin ihre spektakuläre Leuchtspur aussenden? Ist nicht das Kunstwerk selbst etwas, das das Geheimnis des Schattens im Licht bewahrt; ist der Schatten nicht, wie Parmiggiani selbst sagt, »das Blut des Lichts«?

Die beiden Versionen der Nostalgie zeugen auf völlig unterschiedliche Weise von der Existenz eines sternenlosen Lichts. Während die Nostalgie-Wehmut in einer trauernden Haltung verstrickt bleibt – der Tod des Sterns ist ihr immer gegenwärtig, sodass sie die Schönheit des Lichts versäumt –, kann die Nostalgie-Dankbarkeit die Pracht der Lichterscheinung als *Rest des toten Sternenkörpers* sehen, als Licht, das von der lebendigen Präsenz einer Abwesenheit zeugt. Dies zeigt sich auch in der Malerei Giorgio Morandis, von der es heißt, sie sei das Werk schlechthin, das in der Nostalgie seinen eigentlichen poetischen Kern hat.

Der Staub, der sich auf seinen berühmten Gegenständen (Tassen, Gläser, Kaffeekannen, Flaschen, Vasen, Krüge, Blumen) niederlegt, zeugt von deren Zugehörigkeit zur Vergangenheit. Es sind Gegenstände, die aus einer antiquierten Welt zu stammen scheinen und die von der unaufhaltsam vergehenden Zeit gezeichnet sind. Ist die Kunst dieses Meisters aus Bologna nicht eine Malerei der Abwesenheit mittels der Präsenz der weltlichen Gegenstände? Während er die sichtbare Natur dieser Dinge zeigt, beschwört er in ihnen das Geheimnis einer unsichtbaren Transzendenz, einer Abwesenheit, die nicht eingefangen werden kann. Auf der einen Seite erscheinen hier also die von der Zeit abgenutzten Dinge, auf der anderen werden die Silhouetten dieser Gegenstände von einem zeitlosen Licht erhellt, das ihre Anwesenheit ewig werden lässt. In gewisser Weise ist dies dieselbe Verzauberung, die wir in der Proust'schen *Madeleine*-Erfahrung gesehen haben. Bei Morandi ruft die nostalgische Atmosphäre, die von seinem Werk ausgeht, keine Wehmut und auch keine Trauer hervor, auch keine Sehnsucht, die verlorene Zeit zurückzugewinnen, denn es ist genau diese verlorene Zeit, die durch die Anmut seiner Malerei in die Gegenwart zurückkehrt und sich als absolut fähig offenbart, das Licht der toten Sterne aufzunehmen.

Die zweite Version der Nostalgie ist die Nostalgie-Dankbarkeit, die die Nostalgie von jeglicher trauernden Haltung befreit. In ihrem Zentrum steht nicht einfach die unerschöpfliche Wehmut der Vergangenheit gegenüber – Idealisierung, Bewahrung, Verehrung –, weil diese zweite Nostalgie jede Wiederkehr ausschließt. Der tote Stern kann nicht zurückgeholt, nicht wieder zum Leben erweckt werden, der Verlust ist ohne jede Möglichkeit der Wiedergutmachung. Doch während der Nostalgiker, der mit seiner Wehmut lebt, derjenige ist, der von der Vergangenheit verzehrt wird, jeder Zukunft beraubt, und der in dem schon Gewesenen seine einzig mögliche Erlösung findet, macht die zweite Form der Nostalgie das Licht der toten Sterne jedes Mal neu. Die Abwesenheit ist nicht bloß der sinnlose Ort des Todes, sondern die Matrix eines noch unbekannten Lebens. In diesem Sinne wird Nostalgie zur Dankbarkeit gegenüber einem Licht, das, obgleich aus der Vergangenheit kommend, unsere Zukunft auf überraschende Weise erleuchtet.

ARCHIVGEDÄCHTNIS UND SPEKTRALES GEDÄCHTNIS

Diese Unterscheidung zwischen zwei grundlegenden Formen der Nostalgie (Nostalgie-Wehmut und Nostalgie-Dankbarkeit) führt uns zur Unterscheidung von drei Formen der Erinnerung. Die erste ist die des *Archivgedächtnisses*. Dabei handelt es ich um eine Art Behälter, in dem unsere Erinnerungen passiv aufbewahrt werden. Es ist die Gedächtnis-Truhe, der Gedächtnis-Dachboden oder, etwas gehobener ausgedrückt und um ein bekanntes Bild Freuds zu verwenden, eine Art »Wunderblock«, der es vermeintlich möglich macht, alle mnestischen Spuren der Vergangenheit zu bewahren. Er bezieht sich hier auf jenes seltsame Objekt, mit dem wir als Kinder gespielt haben. Ein kleines Notizbuch, bestehend aus zwei Seiten: eine oberflächliche Folie, auf der man schreiben oder zeichnen kann, und eine darunterliegende, festere Seite, auf der die Spuren des Geschriebenen erhalten bleiben. Nach dem Schreiben genügte es, die erste Seite anzuheben, um zu löschen, was wir darauf eingraviert hatten, und die ursprüngliche Unberührtheit wiederherzustellen. So konnte man auf demselben Blatt unendlich viele Spuren hinterlassen, denn alles konnte mit der gleichen Geschwindigkeit gelöscht werden, mit der es eingeprägt wurde.

Freud zufolge geschieht dies mehr oder weniger auch mit unserem Gedächtnis, nur in diesem Fall ist es »wirklich ein Wunderblock«, da alle Spuren, die unser Stylus in die erste Seite eingraviert hat, vollständig erhalten bleiben und wir zugleich immer neue davon erzeugen können. Alle Erfahrungen, die auf der Oberfläche unseres Bewusstseins eingraviert sind, bleiben in der tiefsten Schicht unseres Unbewussten erhalten. Diese Art der Erinnerung könnte man als *archäologisches Gedächtnis* bezeichnen: Sie bestimmt den Ort, an dem sich die Vergangenheit abgesetzt hat, die nicht mehr bei uns, zu nichts geworden ist, sich aufgelöst hat, aber gleichzeitig weiter existiert in Form der mnestischen Spur, im mehr oder weniger lebhaften oder blassen Erinnerungsbild.

Dieses Gedächtnis weist das topologisch naive Muster eines Behälters (Gedächtnis) und seines Inhalts (Erinnerungen) auf. Erinnern hieße dann, diese alten Eindrücke aufzuspüren – mit all den Problemen, die Proust in der *Recherche* und Cormac McCarthy in *Die Straße*, jeder auf seine Weise, aufwerfen. Ersterer, indem er zeigt, dass das Gedächtnis, wenn es von unserem Erinnerungswillen geleitet wird, im Gegensatz zum unwillkürlichen Gedächtnis nie in der Lage ist, uns unsere Vergangenheit zurückzugeben; es kann sie lediglich in verblasster und letztlich unkenntlicher Form wiedergeben. Der zweite, indem er hervorhebt, dass das, woran wir uns gerne erinnern würden, nie in der Reichweite unseres bewussten Willens – unserer Intentionalität

– zu finden ist, während es passieren kann, dass das, was wir gerne vergessen würden, uns geradezu erdrückt.

Die zweite Version des Gedächtnisses sprengt die topologisch elementare Konfiguration des Archivgedächtnisses. Das ist das *spektrale Gedächtnis*. Es lässt sich nicht als Truhe oder als Dachboden visualisieren, sondern als Spektrum. Anders als die Truhe oder der Dachboden, ist das Gespenst kein abgegrenzter Ort, er ist kein Behälter, sondern eine Präsenz, die unter den Toten verweilen sollte, jedoch stattdessen auf unheimliche Weise unter den Lebenden erscheint.

Freud hat auch dieses zweite Gedächtnis eindrucksvoll veranschaulicht. Es bewahrt nicht nur die Spuren der Vergangenheit, sondern auch lebendige »Dinge«», die darauf bestehen, uns beharrlich in den Sinn kommen; die nicht aufhören, wiederzukehren und sich erneut zu zeigen. Das reinste Modell dieses Gedächtnisses ist das Trauma: Was in der Vergangenheit geschehen ist, hört nicht auf zu geschehen, es verfolgt uns, es umkreist, bedrängt uns, sucht uns heim. Das spektrale Gedächtnis besteht aus einer Vergangenheit, die nicht vergeht und die, anstatt zu vergehen, unentwegt zurückkehrt, als könnte unser Bewusstsein sie nie vollständig integrieren. Es handelt sich hier um eine Art zeitloses Gedächtnis, das, anstatt sich auf das bloße Bewahren von Erinnerungen zu beschränken, sich auf den Schauplatz unseres Lebens drängt, um es zu destabilisieren. Dieses Gedächtnis kann Menschen und Völker, die dramatische Erfahrungen gemacht haben, die man unmöglich vergessen kann, gleichermaßen erschüttern. Die Vergangenheit erscheint in diesem Fall wirklich als Gespenst, also als etwas, das tot und lebendig zugleich ist. Das Archiv ist nie ausreichend, so wie auch kein Wunderblock groß genug ist, um ihre überwältigende Kraft zu erfassen. Die gespenstische Erinnerung platzt in unser Leben wie eine Wunde, die nie heilt. Wie wir im ersten Teil gesehen haben, wächst dieses Gedächtnis im Fall der Melancholie ins Unermessliche; die Vergangenheit – das verlorene Objekt – kehrt als Schatten zurück in das Leben des Subjekts und hindert es am Leben. Seine Abwesenheit ist keine solche, vielmehr ist sie eine extreme Form von Anwesenheit.

EIN WIEDERKEHRENDER TRAUM

Ein Beispiel für das spektrale Gedächtnis stellt die Erfahrung des wiederkehrenden Traums dar. Freud hat als wiederkehrende Träume jene Träume bezeichnet, die dazu neigen, sich in unserem Traumleben zu wiederholen, als ob ihre Botschaft nie richtig entschlüsselt wurde und die sich daher dem Träumenden immer wieder präsentieren, so als ob sie auf die richtige Deutung warten. Diese Träume wiederholen sich manchmal buchstäblich, während sie in anderen Fällen das gleiche narrative Muster mit leichten Abweichungen variieren. Bei einem Patienten wiederholte der Traum seit Jahren denselben Kern, der darin bestand, dass er von seiner Partnerin, die er sehr liebte, verlassen wurde. Er fand sich dann mit der Frau wieder, die viele Jahre zuvor seine erste Liebe gewesen war und die er damals nicht verlassen konnte, obwohl er sie systematisch betrug. Ein tiefes Band der Liebe hielt ihn an diese Frau gefesselt, obwohl ihn sein Verlangen ständig zu anderen Frauen führte. Seine Ex-Partnerin war somit der Signifikant seiner Spaltung: Obwohl innig geliebt, konnte sie den Drang seines Sexualtriebes, der ständig nach neuen Objekten verlangte, nicht befriedigen. Mit seiner aktuellen Partnerin hingegen deckte sich das sexuelle Begehren zum ersten Mal in seinem Leben mit der Liebe. Das Eheleben war in jeder Hinsicht befriedigend, was den Traum, der jedes Mal mit dem gleichen heftigen Gefühl der Angst endete, noch unerklärlicher machte: Er hatte die Frau verloren, die er am meisten begehrte und liebte, und fand sich in einer Beziehung mit der früheren Partnerin wieder, die unwiederbringlich beendet war. Der

Traum endete immer mit einem erdrückenden Angstgefühl über den Verlust seiner wahren Liebe.

Dieser Traum war aufgetreten, nachdem er einen Seitensprung seiner Frau entdeckt hatte. Das war zehn Jahre, bevor er einen Analytiker aufsuchte. Der Mann erzählte, dass er darum gerungen hatte, das zu verstehen, was er als Leichtsinnigkeit empfunden und worunter er sehr gelitten habe. Seitdem wiederholte sich dieser Traum spektral in unregelmäßigen Abständen, aber häufig genug, um sein Gefühlsleben zu beeinträchtigen. Sein rätselhafter Inhalt beunruhigte den Mann jedes Mal aufs Neue. Was war seine Bedeutung? Was blieb da symbolisch in der Schwebe? Was war die Botschaft, die das Unbewusste an den Adressaten übermitteln wollte?

In der klinischen Geschichte dieses Patienten hatte sein ödipales Verlangen die eigene Mutter als Objekt des Begehrens gewählt, obwohl diese sich als unzuverlässige Quelle der Fürsorge erwiesen hatte. Sie war eine faszinierende und unabhängige Frau, die die Mutterschaft als unerträgliche Bremse für ihre Weiblichkeit wahrgenommen hatte. Das führte zu einem gewissen Mangel an Zuneigung in ihrer Bereitschaft, für ihren Sohn zu sorgen. Wie Hamlets Mutter, Gertrude, schien auch die Mutter dieses Mannes mehr an ihrem Frausein als an ihrem Mutterdasein interessiert zu sein. Etwas an ihrem Begehren blieb für den Betroffenen unergründlich. Viele seiner Kindheitserinnerungen brachten eine reizbare, impulsive, egoistische, geizige und handgreifliche Mutter ans Licht, die den Patienten oft erniedrigte, indem sie sich seinem Leben gegenüber gleichgültig zeigte. In einer Kindheitserinnerung erzählte der Mann von dem tiefen Unbehagen und der Irritation, die er empfand, wenn er mit seiner Mutter in den Straßen des Stadtzentrums spazieren ging und sah, wie die Augen der Männer auf dem Körper seiner Mutter ruhten und wie sie diese Aufmerksamkeiten sichtlich genoss. Er verspürte dann eine Art eifersüchtigen Stich, für den er keine Worte fand und den er mit einem starken Gefühl von Ohnmacht verband. Er erlebte die verführerische Schönheit seiner Mutter als erregend und zugleich verstörend. In einem Kindheitstraum erschien ihm seine Mutter in Form von einem großen schwarzen Vogel, der mit dem Schnabel an das Fenster des Kinderzimmers schlug und damit den Sohn erschreckte. Seine Eifersucht wurde von tief depressiven Gefühlen begleitet; der Blick der Mutter wurde nicht von seinem Blick, und auch nicht von dem seines Vaters gefangen, sondern von jenem der anderen Männer.

Wenn die Sommerferien begannen, begleitete seine Mutter ihn ans Meer zum Ferienhaus der Großeltern und reiste dann plötzlich wieder ab, ohne ihm zu sagen, wann sie zurückkommen würde. Der Patient deutete dieses mütterliche Verschwinden als Zeichen des unergründlichen Begehrens einer Frau, die sich nicht mit ihrer Rolle als Mutter abfinden könnte. Berufliche Verpflichtungen, die den Großeltern zufolge Grund für die Abwesenheit der Frau waren, blieben unklar. Das Kind fand sich im Stich gelassen, abgelegt wie ein Paket, das darauf wartete, einen nicht vorhandenen Empfänger zu erreichen. Als Erwachsener tauchten in seinen anderen wiederkehrenden alptraumartigen Träumen geheimnisvolle und unwiderstehlich attraktive Frauen auf, die ihn, nachdem sie zu ihm gekommen waren, ohne Erklärung, manchmal noch während des Geschlechtsverkehrs verließen.

Als er die Untreue seiner eigenen Partnerin entdeckte, die wie seine Mutter Schönheit, Charme, Selbstsicherheit und Unabhängigkeit zu ihren Stärken zählte, verfiel er in schwere depressive Angstzustände. Ausgerechnet in der Person, die er liebte, mit der er eine Familie gegründet hatte, begegnete ihm dieselbe Unzuverlässigkeit, die er im Begehren seiner Mutter erfahren hatte. Die Figur seiner früheren Freundin, geliebt aber nicht begehrt, verkörperte hingegen eine zuverlässige Mutterfigur. Die liebevolle Fürsorge, die ihm in seiner Kindheit vorenthalten worden war, kompensierte in dieser Beziehung eindeutig die Schwierigkeiten des Subjekts, sich mit dem rätselhaften Charakter des Begehrens des Anderen auseinanderzusetzen. Die Trennung von Liebe und Begehren war die neurotische Operation gewesen, mit der er sich vor den Erschütterungen dieses Rätsels, welches die überschwängliche Weiblichkeit seiner Mutter darstellte, schützen wollte. In dem wiederkehrenden Traum, in dem er sich bei seiner Ex-Partnerin wiederfand, regredierte er zu einer liebevollen Beziehung ohne Liebesleben. Trotzdem wollte er nicht auf das intensive Genießen verzichten, das ihm die Verbindung von Liebe und Begehren, die er mit seiner Gefährtin erlebte, bereitete. Die spektrale Wiederkehr war in diesem Fall die des übermächtigen Begehrens der phallischen Mutter, die ihn impotent werden ließ. Die Zuflucht aber, die er in seinen ersten Liebeserfahrungen erprobt hatte (Spaltung von Liebe und Begehren), erwies sich nun als unzureichend. Die Dimension der Zuwendung konnte die erotische und leidenschaftliche Dimension seines Begehrens nicht mehr befriedigen. Die Arbeit der Analyse absorbierte diese gespenstische Wiederholung des Traums langsam und brachte das Subjekt zu der Erkenntnis, dass die Wahrheit und der Exzess des Begehrens als solche traumatisch durch das Begehren seiner Mutter geformt worden waren. Es war kein Zufall, dass es gerade die Ähnlichkeit mit der Mutter war, welche die Wahl seines neuen Liebesobjekts geprägt hatte. In der zwanghaften Untreue, die die Beziehung zu seiner ersten Partnerin geprägt hatte, konnte er dann erkennen, dass dieses stürmische Begehren die Ursache für sein eigenes Begehren war. Die Liebe ohne Begehren war in der Tat das platonische Gefängnis gewesen, das ihn vor dem Strudel des Begehrens des Anderen geschützt hatte; dieses Begehren war aus demselben Stoff wie sein eigenes.

ERINNERUNG AN DIE ZUKUNFT

Im spektralen Gedächtnis erschöpft sich die Vielschichtigkeit des Gedächtnisses nicht. Es gibt nämlich eine dritte Art des Gedächtnisses, die wahrscheinlich die wichtigste ist, wenn man die zweite Form der Nostalgie verstehen will. Dabei handelt es sich um die Erinnerung als paradoxes Attribut der Zukunft, um eine *Erinnerung an die Zukunft.* Das Gedächtnis darf nicht auf die passive Huldigung der Vergangenheit reduziert werden. Vielmehr müssen wir lernen, die Erinnerung zu nutzen, um die Zukunft zu gestalten. Das bedeutet zum einen, dass wir die *Verantwortung für unser Gedächtnis* übernehmen sollen, weil es weder bloß ein Behälter für Erinnerungen (das Archivgedächtnis) noch die beunruhigende Wiederkehr der eigenen traumatischen Vergangenheit (das spektrale Gedächtnis) ist. Vielmehr kann es auch ausgehend von der Zukunft, d.h. aus der rückwirkenden Neuinterpretation der Vergangenheit konstituiert werden.

Das heißt, die Vergangenheit liegt nicht wie ein träger Körper – für Nietzsche »das größte Schwergewicht« – hinter uns; sie ist nicht das, was einfach schon gewesen, schon geschehen, schon gesehen, schon gewusst ist. Die Erfahrung der Analyse offenbart uns vielmehr, dass unser eigenes Wort – das Erzählen unserer eigenen Geschichte – unsere Vergangenheit in einer noch nie dagewesenen Weise verwandeln kann. Das heißt: Das, was war, ist weder ein Friedhof der Erinnerungen noch ein Ort, aus dem die Gespenster zurückkehren, sondern eine Zeit, die wir ständig neu definieren können und die unterschiedliche Formen und Bedeutungen annehmen kann, je nachdem, welche neue Deutung sie in der Gegenwart erfährt. Erinnerung bedeutet in diesem Fall nicht nur, das bereits Gewesene zu bewahren, noch erzeugt sie die Geister ihrer unvergesslichen Vergangenheit, sondern sie schreibt diese Vergangenheit neu um. Sie wendet ihren Blick nicht nur rückwärts, verstrickt sich nicht, wie in der melancholischen Nostalgie, in einer Erinnerungsstarre, sondern sie ist in eine Vorwärtsbewegung involviert.

Und doch vergisst dieser Vorstoß die Vergangenheit nicht, der er entspringt.

Das ist die Position, die Walter Benjamin in dem berühmten Text *Über den Begriff der Geschichte* dem Engel der Geschichte zuschreibt: Wenn der Wind ihn unaufhaltsam in die Zukunft treibt, wehrt er sich, indem er seinen Blick auf die Trümmer der Vergangenheit richtet. Und das nicht, um melancholische Reliquien zu erschaffen, sondern um ihr Schicksal zu erlösen, um die unzähligen Opfer von Ungerechtigkeit und Unglück zu befreien. So wird auch der revolutionäre Kampf nie im Namen der Utopie geführt, sondern im Namen der unterdrückten Vergangenheit: Er wird »die Toten wecken und das Zerschlagene zusammenfügen«.

Die Erinnerung in der Zukunft zu deklinieren, bedeutet also, die Erfahrung der Nostalgie grundlegend zu überdenken. Wie wir gesehen haben, beruht die erste Form der Nostalgie auf der Unbeweglichkeit, auf Versteinerung und Idealisierung: Das nostalgische Subjekt erscheint als von der Erinnerung absorbiert und sein Leiden besteht darin, dass es nicht mehr in der Lage ist, die (idealisierte) Vergangenheit, die es unwiderruflich verloren hat, zurückzuerlangen. Das ist Nostalgie-Wehmut: Der rückwärtsgewandte Blick möchte das, was die Zeit für verloren erklärt hat, wiederfinden: die vergangene

Kindheit, die Kraft unseres Körpers in der Fülle der Jugend, das Leben in seiner glücklichsten Zeit, den ersten Kuss, die geliebten Objekte usw. Auf der anderen Seite finden wir eine Nostalgie, die uns die Zukunft eröffnet und die von einer Heimsuchung, die aus der Vergangenheit kommt, herrührt, eine Nostalgie, die Dankbarkeit ausdrückt. Jenes ist die Nostalgie, die das Licht der toten Sterne hervorbringt. Die Wiederkehr der Vergangenheit erzeugt in diesem Fall keinen Wunsch nach einer konservativen Rückkehr zu dem, was war; sie erzeugt nicht einmal den Wunsch, zurückzukehren – denn es gibt keinen Ort, an den man zurückkehren könnte, schließlich ist der Himmelskörper des Sterns tot –, sondern sie lässt ein neues Licht entstehen, reaktiviert das Versprechen einer Begegnung, die fortbesteht, die nicht erloschen ist, die uns anspornt, ein noch lebendigeres Leben zu führen. In diesem Sinne ist es keine Nostalgie für das, was wir bereits gelebt haben, sondern für all das, was wir noch leben können; Sehnsucht nach dem, was wir noch nicht haben, nie gesehen, nie gekannt, nie erlebt haben. Solcherart ist eine Nostalgie-Dankbarkeit, die, im Gegensatz zur Nostalgie-Wehmut, der Vergangenheit für diese unerwartete Heimsuchung dankbar ist, die – von anderswo kommend –mein gewöhnliches Verhältnis zur Welt unterbrochen hat. Das bereits Gewesene klopft in diesem Fall nicht als Gespenst, das sich weigert zu sterben, an unsere Tür, sondern als Streuung von Kräften. Das ist eine Vergangenheit, die nicht von Schuld und Wehmut getragen ist, sondern ein tiefes Gefühl der Dankbarkeit in sich beherbergt. Und in diesem Sinn ist sie nicht nur Vergangenheit, sondern Verheißung einer Zukunft.

DAS GEHEIMNIS DES DETAILS

Jean-Bertrand Pontalis fordert uns in seinem Buch *Perdre de vue* dazu auf, das Fragment vom Detail zu unterscheiden. Fragmente seien die verstreuten Erinnerungen an unsere Vergangenheit; sie seien »Fetzen«, »Ruinen«, »Reste« von dem, was war. Lacan hat von der Analyse als einer historischen Rekonstruktion gesprochen. Die Handlung unseres Lebens nimmt nur in der Erzählung Gestalt an, die es aus sich selbst macht. Die mnestischen Fragmente ordnen sich um Gravitationspunkte, ähnlich den Adern eines Blattes. Die Erfahrung der Analyse fügt die Fragmente unserer Vergangenheit zu einer neuen Form zusammen. Es geht nicht so sehr darum, die objektiven Ereignisse, die unsere Geschichte geprägt haben, nachzuzeichnen, sondern vielmehr darum, ihnen eine neue Form zu geben. In diesem Sinne steckt unsere Geschichte nie im Speicher des

Gedächtnisses, sondern ist immer Effekt einer nachträglichen Neugestaltung dessen, was war.

Auch das Detail hat seine Wurzel in der Erinnerung, anders als das Fragment übersteigt es jedoch die historische Rekonstruktion. Es kann als Beispiel für die kreative Kraft der zweiten Form der Nostalgie, der Nostalgie-Dankbarkeit gedeutet werden. Das Detail ist nicht das Fragment, das an die Erinnerung gebunden ist, sondern das, was auf mysteriöse Weise eine ganze Welt in einem einzigen Aspekt verdichtet. Das geschieht auch beim Betrachten eines Fotos. In *Die helle Kammer* hat Roland Barthes dies *punctum* genannt. Etwas sticht, weckt auf, öffnet das Bild für das Undarstellbare, für das Unvorstellbare. Die Nostalgie selbst kann daher als das *punctum* der historischen Rekonstruktion angesehen werden. Sie entsteht in den Details, die, obwohl sie der Vergangenheit angehören, ein Geheimnis in sich tragen, das sich immer wieder verändert.

Während die Fragmente durch die historische Rekonstruktion zu einem kohärenten Geflecht zusammengefügt werden, durchbricht das Detail jede einheitliche Idee der Form, und, wie sehr es auch unseren Blick einfängt, es wird nie ein für alle Mal sichtbar sein. Das ist, was unsere Wahrnehmung der Dinge polarisiert, belebt und verewigt Aus diesem Grund waren Gustave Flaubert und Aby

Warburg der Meinung, dass jedes Detail an sich göttlich wäre, insofern als es sich nicht von der Vergangenheit verschlingen lässt, nicht vom Werden aufgezehrt wird, sondern immer etwas enthält, das nicht auf die historische Zeit reduzierbar ist. Es kündigt von einer unbekannten Ewigkeit: das Detail seines Mundes und seiner Augen, die rosa Wand des Berges, die zerbrochene Vase, die wir neben die Tür unseres Ferienhauses am Meer gestellt haben, ihr Kleid, das an der Tür hängt, ihre Arbeitsunterlagen, verstreut auf dem großen Tisch im Arbeitszimmer, der unverwechselbare Duft ihrer Haut und des frisch gemähten Grases in den Frühlingsmonaten. Jedes Mal offenbart sich das Detail alt und neu zugleich, sodass das Unsichtbare an der Oberfläche des Gesehenen auftaucht.

Das Gefühl der Nostalgie-Dankbarkeit speist sich aus dem Geheimnis der Details. Das bedeutet, dass es uns positiv an den stets unvollendeten Charakter der Trauerarbeit erinnert. Diese Unvollständigkeit ist dann Zeichen für eine unzureichende Symbolisierung, sondern ermöglicht die Erfahrung der Nostalgie als radikaler Form der Dankbarkeit: Ich behalte etwas aus der Vergangenheit bei mir, weil es mir immer wieder in neuer Form erscheint. Es handelt sich dabei nicht um eine gespenstische Vergangenheit, von der ich mich nicht befreien kann, auch nicht um eine unerbittliche Wiederholung, von der ich mich nicht lösen kann. Es geht um ein Detail der Zeit, das sich nicht auflösen lässt und das die Erfahrung des Neuen in sich trägt. Da ist die Falte in deinem Gesicht, als ich es das erste Mal aus dem Schatten hervorkommen sah, noch bläulich. Da ist der Geruch seines Rasierwassers, der sich frühmorgens im Haus der Familie verbreitete; der Strauch mit den weißen Calla-Lilien in unserem Haus im Friaul nach dem Regen; der Kies des alten Hofes; der Geruch der weißen Pfirsiche, die wir im Sommer gepflückt haben; der Portulak an der Steinwand; der Schweiß auf ihrer Stirn, als wir uns die ersten Male geliebt haben; ihre unverwechselbare Stimme, die auf einem Platz voller junger feiernder Leute singt; dein Wort, das im Saal wie ein klarer und starker Wind widerhallt; der Frühling, der jedes Jahr mit der gleichen Energie wiederkommt; die dunklen und weißen Wolken am isländischen Himmel; dein verletztes Knie, als du an einem schönen Herbsttag beim Verlassen des Bootes in San Giorgio in Venedig hingefallen bist; deine Hand auf meinem Kopf.

Diese Details kehren aus einer ewigen Zeit zurück, die das Werden überlebt. Es ist jene Zeit, die das Detail untilgbar werden lässt. In der schöpferischen Erfahrung der Nostalgie sind wir mit dem

Unfassbaren, dem Unbeschreiblichen, mit dem Geheimnis der Zeit konfrontiert. Es geht nicht einfach darum, sich an das zu erinnern, was war, an den Ort zurückzukehren, an dem wir bereits gewesen sind, und unsere Vergangenheit historisch umzugestalten, wie es in der Erfahrung der Analyse geschieht, sondern um eine Begegnung mit dem, dem wir noch nicht begegnet sind, und mit einem Ort, an dem wir bereits waren, ohne jemals wirklich dort gewesen zu sein. In diesem Sinne nährt das zweite Gesicht der Nostalgie die kommende Zeit, ohne sie mit der Vergangenheit zu verschließen: Ich schöpfe Kraft, Energie, Stärke aus dem, was nicht mehr ist und nicht mehr sein wird, weil sein Licht – wie das Licht der toten Sterne – mich noch erreicht und erhellt.

TEIL DREI

Nostalgie und Dankbarkeit

> Die Erinnerung, die ich hege, ist weit davon entfernt, der Aufbewahrungsort für das, was verschwunden ist, zu sein: Sie ist für mich der unerschöpfliche Ort der Erscheinungen, eines Neuen, das alterslos ist.
>
> J.-B. Pontalis, *L'enfant des limbes*

»NEHMT MICH MIT«

Man erzählt, dass ein von mir verehrter Philosophieprofessor in seinen letzten Tagen als alter Mann nicht einmal mehr sich selbst erkennen konnte. »Wer bin ich?«, fragte er seinen bestürzten Bruder am Telefon. Manchmal kommt es zu einem solchen Paradox: Die Seele ist schon wer-weiß-wohin verloren, während der Körper noch lebt. »Wer bin ich?« hatte hier nicht den Charakter der philosophischen Befragung nach der Identität des Subjekts – ein Thema, das seine Forschung entscheidend geprägt hatte –, sondern stellte eine Station auf seinem Leidensweg dar, der von einem fatalen und ausweglosen kognitiven Verfall gekennzeichnet war. Seine sprichwörtliche Klarheit, die Prägnanz und Raffinesse seines Denkens waren innerhalb kurzer Zeit einem verwirrenden Nebel gewichen, in den er ohne die Möglichkeit zur Rückkehr gestürzt war.

Der Tod eines Lehrers – wie der eines geliebten Vaters – konfrontiert uns vor allem mit dem Gefühl der Hilflosigkeit. Es geht hier nicht nur um den Tod eines Menschen, der uns lieb war und dem wir viel zu verdanken haben, sondern auch um den Tod der Idee, dass wir die die absolute Kontigenz des Lebens und die Macht des Todes abwehren können. Ist es nicht genau das, was ein Vater in den Augen eines Sohnes ist? Ein Schild, ein Schutz, eine Zuflucht gegen den Schmerz und das tödliche Schicksal der Existenz. Dann beraubt uns sein Verschwinden nicht nur des geliebten Menschen, es setzt uns darüber hinaus einer Abwesenheit aus, die in Wirklichkeit die ganze Zeit bestand. Der Tod eines Vaters bringt die Grausamkeit des Daseins zum Vorschein, das ein Dasein ohne Schutz und ohne mögliche Rechfertigung ist, unwiederbringlich der Instabilität des Lebens und der unerbittlichen Macht des Todes ergeben. Sartre drückt es schonungslos aus: »Wir sind allein, ohne Entschuldigungen«. Kein Vater, kein Meister, keine Mutter, kein Ideal, kein Gott kann uns retten. »Aber wer bin ich?«, fragte er seine Schwester verzweifelt am Telefon. Kein Spiegel konnte ihm seine Identität zurückgeben. So blieb er sich selbst ein Fremder. Das ist die radikalste Erfahrung des Unheimlichen: Das Vertrauteste zeigt sich hier als das Fremdeste. Eine absolute Leere hatte sich in seinem Gedächtnis aufgetan. Er kannte seinen eigenen Namen nicht mehr, wusste nicht mehr, wer er war, ja nicht einmal, wer er gewesen war.

Und doch, wie oft ist seine Stimme in meinen Träumen oder in meinen Gedanken laut erklungen? Wie oft reichte seine Anwesenheit über den Tod hinaus, um mich zu berühren, um mich zu rufen und dazu zu bringen, mich dieser stets anwesenden Abwesenheit zuzuwenden, diesem Leben, das von wer-weiß-woher zurückkehrte?

Noch heute merke ich, dass ich beim Reden, wenn ich eine Vorlesung halte und, auf meine Gedanken konzentriert, meine Worte mit Gesten begleite, ihn mit mir trage in meinen Worten und Gesten; dass ich ihm ähnle, indem ich einige unverwechselbare Züge seines Stils übernehme. Auf diese Weise ziehe ich ihn jedes Mal aus dem Nebel heraus, in den er gefallen ist, und berge seine Worte in meinen eigenen.

Dies ist eine Nostalgie, die, statt mit Wehmut zurückzublicken, zu einer besonderen Form des Erbes wird. Ich führe in meiner Art zu unterrichten seinen Stil fort, indem ich ihn nicht einfach nachahme, sondern ihn, wie es die Trauerarbeit verlangt, inkorporiere. So mache ich mir zu eigen, was ihm gehörte. Aber ich tue es eben auf eine einzigartige, neue Weise, mit meinem eigenen Stil. So lasse ich seine Existenz noch einmal in meiner leben, ich lasse sie in einer neuen Form wieder auferstehen. Die Libido hat sich nie ganz vom geliebten Objekt gelöst, meine Trauer, so würde Freud sagen, ist eigentlich unvollendet geblieben. Aber diese Unvollständigkeit signalisiert, wie wir gesehen haben, eine gelungene Inkorporation des verlorenen Objekts. Wenn die Trauerarbeit also nicht vollendet werden kann, wenn sie sich nie ganz erschöpft; wenn es also, wie wir geschrieben haben, keine abgeschlossene, ideale Trauer gibt, dann deshalb, weil sich ein Rest des verlorenen Objekts in uns eingeschrieben hat, wir ihn uns einverleibt, uns zu eigen gemacht haben und er mit unserem Wesen verschmolzen ist. In diesem Sinne sind wir auch die unzähligen Toten, für die wir eine notwendigerweise unvollendete Trauerarbeit geleistet haben.

Es ist kein Zufall, dass ein anderer großer Philosoph, der kürzlich verstorben ist, seinen Freunden und Schülern eine einzige knappe Abschiedsbotschaft hinterließ: »Nehmt mich mit«. Worte des Lebens inmitten des Todes. Sie besagen das Gegenteil von den letzten Worten, die Lacan zugeschrieben werden: »Ich verschwinde«. »Nehmt mich mit« heißt, nicht verschwinden zu wollen, noch nicht enden zu wollen, obwohl es schon zu Ende ist; weiter zu existieren, wenn auch in anderer Form. Aber ist dies nicht, was Nietzsche-Zarathustra mit dem Akrobaten macht und was auch wir mit unseren Toten tun? Er bringt den gefallenen Akrobaten mit sich, um ihm ein angemessenes Begräbnis zu geben und seine Botschaft weiterzutragen: Der Mensch ist gezwungen, sich selbst zu überwinden und in der absoluten Kontingenz der Existenz zu leben.

Zuerst also die schmerzliche Last der Trauer und ihrer grausamen Arbeit, dann die Einverleibung des unreduzierbaren Restes des verloren Objekts. Etwas von ihm oder ihr wird immer bei uns bleiben, es wird unsere Existenz begleiten wie das Licht der toten Sterne. Gerade weil wir unsere Lehrer, unsere Lieben, unsere Kindheit, die unauslöschlichen Details unserer Vergangenheit mit uns tragen, können wir sagen, dass die Trauerarbeit das verlorene Objekt nie ganz auflösen, sondern es nur in einen lebendigen Rest verwandeln kann, den wir in uns selbst aufnehmen. Diese kurze Abschiedsbotschaft bindet nicht, belastet nicht, erzeugt keine Schuld, zwingt nicht zu einer als Pflicht auferlegten Loyalität. Der Lehrer bittet nur darum, von seinen Freunden und Schülern zurückgebracht zu werden, die

Welt noch einmal zu sehen; nicht als Toter, sondern als ein Lebender erinnert zu werden; er bittet darum, weiter zu leben, wieder zu leben. Aber er will keine Kneifzange, keine Schlinge, keine Kette sein. Er verpflichtet niemanden, seinen Platz einzunehmen, er überträgt niemandem die unmögliche Aufgabe, ihn zu ersetzen. Sein Abschied trägt etwas Sanftes und zugleich Kindliches in sich. »Nehmt mich mit«, schreibt er, als ob das tatsächlich möglich wäre. Laßt mich nicht ins Grab sinken, verwechselt mich nicht mit einem Leichnam. Gedenkt nicht meines Todes, sondern meines Lebens, das noch leben wollte.

Es ist nicht dasselbe, seinem Sohn auf dem Sterbebett zu sagen, wie es einer meiner Patienten erlebte: »Du wirst meinen Platz einnehmen!« Dieser letzte Wille sollte sich für das Subjekt als verhängnisvoll erweisen und zu einer Art Gefängnis werden: Indem er seinem Sohn die Aufgabe erteilt, seinen Platz einzunehmen, durchstreicht dieser Vater im Nu das Begehren seines Sohnes, indem er ihn an ein Mandat bindet, das jede Freiheit untersagt. Im Gegensatz dazu steht der Lehrer, der darum bittet, von seinen Freunden und Schülern mitgenommen zu werden; er bittet nicht darum, ersetzt zu werden, er erlegt ein Vermächtnis nicht als Opferdienst auf. Das ist genau, was meinem Patienten passiert ist: Er wurde sein ganzes Leben lang von den letzten Worten seines Vaters erdrückt, gezwungen, ein Erbe anzutreten, das einer heiligen Identifikation gleicht; ohne Möglichkeit einer Wahl, ohne eigenes Begehren. Sein Leben gestaltete sich in der Knechtschaft einer Übergabe, die keinen Widerspruch vorsah. Der letzte Wille seines Vaters fesselte ihn an ein wunschloses Unglück. Wie konnte er sich dem widersetzen? So überrascht es nicht, dass die Frage, die ihn zusammen mit einer chronischen Schlaflosigkeit in die Analyse führte, die war, ob er wirklich sein eigenes Leben gelebt hatte oder jenes, das ihm sein Vater auf dem Sterbebett zugewiesen hatte.

»MASSIMO, BLEIB KLAR!«

Wenn ich in den Monaten nach dem Tod von Claudio Lolli, einem berühmten italienischen Liedermacher, im August 2018, zufällig seine Stimme hörte – nicht seine Lieder, sondern *seine Stimme in seinen Liedern* – brach ich in Schluchzen aus. Es war so unkontrollierbar, dass ich jedes Mal überrascht war und mich fragte: »Was ist das? Was war das? Was ist in diesen Tränen so erschütternd zurückgekehrt?« Einerseits wusste ich diese Frage eindeutig zu beantworten: Er war der Bruder gewesen, den ich nie gehabt hatte, ein älterer Bruder; derjenige, dessen Worte helfen, aufrichten und in den dunkelsten

Momenten Trost spenden, dessen Anwesenheit ein Lichtpunkt sein kann, der uns den Weg weist, wenn wir uns verirren. Auf der anderen Seite blieb dieses Heulen, gerade wegen seines unkontrollierebaren Charakters, völlig unerklärlich. Vor allem weil es nicht die Lieder und ihre Worte waren, die mich berührten, sondern gerade die Stimme im Lied, seine unverwechselbare Stimme. Das Reale der Stimme tauchte in den Texten seiner Musik als reale Präsenz auf, als Körper, den ich gekannt und geliebt hatte und von dem ich wusste, dass er nicht mehr unter uns ist.

Lollis Stimme wurde so zum Geheimnis des Details, zu einem *punctum*, das die Grammatik der Worte und ihrer Bedeutung überschreitet. Was mir jedes Mal auffiel, war die dichte Struktur, die Textur, die Körnung, die Konsistenz dieser Stimme. Immer wieder lauschte ich dieser Stimme, die sich sanft in ihrem gewohnten Rhythmus erhob und sich wie eine Liebkosung für immer in meinem Gedächtnis eingraviert hatte. Mit sechzig Jahren sollte man nicht laut heulen. Zumindest nicht so, nicht so, wie ich es tat. Aber es war viel stärker als ich. Seine Stimme grub jedes Mal ein Loch in meine Erde, das Quellen von versunkenen und vergessenen Wassern wieder fließen ließ. Wie oft hatte ich mich dieser Stimme zugewendet, um eine neue Wunde, einen anderen Tod, einen weiteren Schmerz, einen weiteren Verlust zu lindern? Ich wusste also genau, wie sehr diese Stimme mir zugehört hatte. Nicht »ich« hörte Claudio Lolli zu, sondern seine Stimme, die mir in seiner Musik zuzuhören wusste, antwortete mir, nachdem sie mir zuerst zugehört hatte. Ein unsichtbares Band bindet uns in der Tat an die Künstler, die wir lieben. Sie haben uns zugehört und auf uns geantwortet. Das Erleben eines Kunstwerkes beruht niemals auf einer passiven Rezeption von Musik, Bildern oder Worten, denn diese Musik, diese Bilder und Worte sind bereits Antworten auf unser Geheimnis; sie sind es, die zu uns kommen, und nicht wir, die zu ihnen gehen.

Ein ähnlich erschütterndes Gefühl des Verlustes hatte ich, als ich vom Tod Giulia Terzaghis erfuhr. Auch damals kam die Erinnerung an ihre Stimme wie ein Blitz zurück und ich konnte mein Weinen nicht zurückhalten. So kam es, dass ab einem bestimmten Zeitpunkt meine Erinnerungen an Giulia nur noch um eine einzige kreisten, die ich schon fast vergessen hatte und die mir in den Wochen nach der Nachricht von ihrem Ableben mit aller Deutlichkeit wieder in den Sinn gekommen war. Am Morgen meiner ersten schriftlichen Abiturprüfung kam sie auf mich zu, wie gewohnt in ihrem grauen Anzug und ihrer weißen Bluse, und ihre

Hände auf mein Pult legend, sagte sie in einem ruhigen und bestimmten Ton, den ich noch heute nicht vergessen kann: *»Massimo, bleib klar!«* Nicht, weil ich in Panik geraten wäre. Keine Panik, keine Aufregung. Aber genau das hat sie zu mir gesagt. Nichts, außer: »Massimo, bleib klar!« Was bedeutete das, was war das? Und vor allem, was ist aus dieser Erinnerung mit der Zeit geworden? Etwas Kleines, sehr Kleines, das zu einem Berg anwuchs, zu einer Art beständigen, unvergesslichen Präsenz.

»Massimo, bleib klar!«, das heißt, sie hatte volles Vertrauen in mich, in meine Kraft, in mein Denken, in meine Vorbereitung, in meine Hingabe zum Lernen, wie es bis dahin noch niemand gehabt hatte. »Massimo, bleib klar!« sagte sie zu mir; denn schließlich kenne ich dich, und ich weiß, dass du nichts anderes tun musst, als du selbst zu sein, um diese Prüfung zu bestehen. Nicht mehr und nicht weniger. Du musst nur klar bleiben, denn ich weiß, dass du so sein kannst, wie du schon bist. Unbekannte Worte in meinem Leben. Ein Erwachsener, der mir sagt: »Fürchte dich nicht, hab keine Angst«, »bleib klar«, bleib wie ich dich schon gesehen habe, bleibe für immer so, wie du bist, wie ich dich kenne, wie ich dich in diesen Jahren, die wir zusammen verbracht haben, kennengelernt habe. Tu nicht mehr, übertreibe nicht, mach nichts rückgängig, aber vor allem, verändere dich nicht; denn wenn du es schaffst, klar zu bleiben, das heißt, wenn du weißt, was du bist, dann wird alles, was du tun kannst, gut sein. Nicht mehr und nicht weniger. Bleib klar, bleib du selbst, kümmere dich um nichts anderes als darum, das zu bleiben, was du bist, das kleine, aber hartnäckige Geschöpf, das du bist. Weder mehr noch weniger. Es wird genug sein, es wird viel sein, es wird genau richtig sein: »Massimo, bleib klar!« War das nicht eine großartige Liebeserklärung? Die einzige, die sich eine Lehrperson erlauben kann. Nicht mehr und nicht weniger: Werde, was du bist! »Bleib klar, Massimo!« Bleib du selbst, nichts anderes. Denn das ist alles, was ich mir von dir wünsche. Nicht, dass du anders bist, als du bist, sondern dass du klar und deutlich zeigst, was du bist, so wie du bist.

Wenn mich diese Erinnerung heimsucht – dieses Detail, meinem Gedächtnis unauslöschlich wie ein Baum eingepflanzt –, kann ich heute noch nicht anders, als ein tiefes Gefühl der Dankbarkeit für diesen kleinen Satz zu empfinden. Immer noch sehe ich ihre weißen Hände, die auf meinem Pult liegen, und deutlich höre ich ihre Stimme. Ich würde ihr heute sagen, wenn sie noch unter uns wäre, wenn sie noch hier wäre, dass ich es getan habe, dass ich es versucht habe, ja, dass ich klar geblieben bin; dass ich, wie sie es verlangt hatte, alles getan habe, was ich tun konnte, und jedes Mal klar geblieben bin, das heißt: ich selbst. Selbst wenn ich mich verirrte, die vielen Male, die das geschehen ist, die vielen Male, die ich getroffen oder verwundet wurde, hat mich dein Satz in Sicherheit gebracht, weil ich am Ende fähig und willens war, klar zu bleiben. Aber ich konnte nur auf mich zählen, weil sie auf mich gezählt hatte, weil jemand, den ich liebte, zutiefst auf mich zählte. Erst dann konnte ich mir wirklich vertrauen, mich auf mich verlassen; ich wusste, dass und wie ich klar bleiben konnte.

Und jedes Mal, wenn diese Erinnerung wie aus dem Nichts aufgetaucht ist und mich heimgesucht hat, kann ich nicht umhin zu erkennen, dass sich in diesen Worten – in diesem kleinen Satz – etwas für immer eingeschrieben hat. Es ist so: Es gibt kein menschliches Leben, das sich aus sich selbst heraus konstituiert, das sich aus sich selbst heraus in die Welt setzt. Die Begegnung mit dem Anderen geschieht nicht nebenbei, vielmehr ist sie das, was unser Leben prägt. Doch diese Stimme – Giulias Stimme – kam nicht aus meiner Kindheit. Es war eine Stimme, die von einem anderen Ort stammte. Die Stimmen von Claudio Lolli, von Giulia, von meinem Philosophieprofessor sind alle vom Timbre einer Andersartigkeit ohne Wiederholung, die sich einen einzigartigen Platz in meiner Erinnerung gegraben haben. Das waren nicht die Stimmen von anderen Stimmen, Stimmen, die andere Stimmen bedeuteten, Stimmen von verdrängten Stimmen, Stimmen, die aus einer Kindheitsvergangenheit kamen und in meinem Archivgedächtnis gespeicherten waren. Das waren Stimmen, die es noch nie gegeben hatte. Nicht Stimmen, die, wie die der Großmutter des Protagonisten von Prousts *Recherche*, ergreifend aus der vergangenen Kindheit auftauchen. Vielmehr waren es Stimmen, die eine Erinnerung an die Zukunft bildeten. Keine Stimme war jemals diese Stimme für mich gewesen, nach der ich mich immer gesehnt hatte, jene Stimme, die nie war, die nie für mich existieren konnte. Giulias Stimme, wie die von Claudio Lolli oder die meines Philosophieprofessors, waren nicht die Stimme einer anderen Stimme, sondern eine neue Stimme, sie waren nicht die Wiederholung einer Differenz, die ich schon kannte, sondern eine Differenz ohne Wiederholung, das Geheimnis einer Begegnung mit einer unbekannten Andersartigkeit. Diese Stimmen unterbrachen eine große Einsamkeit, die Einsamkeit meiner Kindheit, die ich in einer Familie verbrachte, die zu sehr mit der Arbeit beschäftigt war, um Zeit für die eigenen Kinder zu haben. Es waren also keine Stimmen, die alte, in alten Erinnerungen gespeicherte Worte wieder ins Gedächtnis riefen, sondern

Stimmen, die ein Wort ins Leben riefen, das ich nie zuvor gehört hatte und für das ich, ohne es zu wissen, schon immer Nostalgie empfunden hatte. War ich wirklich in der Lage, sie mit mir zu nehmen? Wusste ich, wie ich diese Nostalgie zu einem Vermächtnis machen konnte? Ist nicht vielleicht das Erbe selbst die höchste Form der Nostalgie als Dankbarkeit?

NOSTALGIE UND VERMÄCHTNIS

In Paolo Sorrentinos *Die große Schönheit* und in Giuseppe Tornatores *Cinema Paradiso* finden wir ergreifende Darstellungen dieser beiden Varianten der Nostalgie. In Sorrentinos Film scheint das Leben des Protagonisten Jep Gambardella, raffiniert gespielt von Toni Servillo, Journalist und Theaterkritiker, aber auch sehr begabter Schriftsteller, aus einem resignierten Warten zu bestehen, schwebend zwischen entzaubertem Ästhetizismus und apathischer und emotionsloser Mondanität. Das schillernde literarische Debüt konnte sich nicht wiederholen, wie auch der Zauber des ersten Kusses mit Elisa – seiner ersten Liebe – weit entfernt in der Erinnerung bleibt. Jeps ästhetische Suche nach Schönheit, die einer ihn überwältigenden Weltlichkeit entgegenwirken will, und in der er wie eine Art melancholischer Prinz schwelgt, ist in Wirklichkeit ein Versuch, die nicht reproduzierbare Aura des »ersten Mals« mit Elisa wiederzufinden. Denn die Erinnerung an diese Liebesbegegnung, die nie vollständig ausgekostet wurde, hat sich unauslöschlich in seine Existenz eingeprägt. Es ist kein Zufall, dass sich für Jep erst dann ein Fenster für die Wiederaufnahme seines Schaffensdrangs öffnet und er an seinem zweiten Roman schreiben kann, nachdem er im Tagebuch der – inzwischen verstorbenen – Frau entdeckt, dass er ihre einzige große Liebe gewesen war, der sie ihr Leben lang nachtrauerte. Die Nostalgie hat hier nicht nur die Form der verlorenen Zeit, die nicht mehr zurückgewonnen werden kann, sie ist nicht nur eine Nostalgie-Wehmut; sie löst auch eine schöpferische Bewegung der Wiederöffnung des Lebens aus. Der Tod dieser fernen Liebe und die wehmütige Erinnerung daran weichen einer nie dagewesenen Sehnsucht nach einem anderen Leben. Hier handelt es sich um eine Nostalgie, die nicht mehr von der Vergangenheit absorbiert wird, sondern eine Sehnsucht nach dem Anderswo hervorruft, das die Liebe zu Elisa versprochen hatte.

In gewisser Weise ist dies das Gegenteil von dem, was in Tornatores *Cinema Paradiso* geschieht. Dort ist die nostalgische Erinnerung an das alte Kino von Giancaldo, einem kleinen abgelegenen sizilianischen Dorf, zu einem Versprechen geworden, das es einzulösen gilt, statt einer Vergangenheit, der man nachtrauert. Der kleine Totò ist ein berühmter Regisseur geworden, der nach vielen Jahren in sein Dorf zurückkehrt, um den Tod seines alten Meisters, des Filmvorführers Alfredo zu ehren, gespielt von einem beeindruckenden Philippe Noiret. Er war es nämlich, der den kleinen Totò in die Schönheit des Kinos einführte, indem er ihn in die Vorführkabine mitnahm. Nachdem er durch einen Brand in eben dieser Kabine erblindet war, überließ er dem kleinen Totò seine Arbeit, die er ihm mittlerweile sorgfältig beigebracht hatte. Die Empfehlung aber, die er eindringlich an seinen jungen Schützling richtete, war die, das Land zu verlassen und ein neues Leben zu beginnen.

In einer der Hauptszenen des Films, die sich auf dem Bahnhof abspielt, ermahnt er Totò, inzwischen ein junger Mann, im Begriff, in den Zug nach Rom einzusteigen, eindringlich, er solle »niemals zurückkommen«, »denk nie an uns«, »dreh dich nicht um«, »vergiss uns alle«, »lass dich nicht von der Nostalgie reinlegen«. Das Leben kann nicht nur hier sein, das Leben ist da draußen; es ist nicht in diesem Land, in der Zensur des Priesters, der alle leidenschaftlichen Szenen aus den Schwarz-Weiß-Filmen schneidet, im Elend des Überlebenskampfes, im Konformismus und in der zynischen Gemeinheit derer, die nicht an die Macht des Begehrens glauben und sich mit einem Leben ohne Träume abgefunden haben. »Komm nicht mehr zurück«, »dreh dich nicht um«, »lass dich nicht von der Nostalgie reinlegen«: So lautet die entschlossene Aufforderung, das eigene Begehren nicht zu vernachlässigen, nicht zum Opfer der Idealisierung und Frustrationen der Vergangenheit zu werden, und nicht an die eigenen Wurzeln gebunden zu bleiben. Der alte blinde Mann lädt seinen Ziehsohn ein, sein in der Kindheit entstandenes Begehren nach dem Kino dank der Leidenschaft, die er an ihn weitergegeben hat, immer wieder aufleben zu lassen: »Was immer du tust, liebe es, wie du die Vorführkabine des Cinema Paradiso geliebt hast, als du *picciriddu* (ein Kind) warst.«

Wie man sieht, der Drang nach Anderswo verleugnet keineswegs den toten Körper des Sterns, aus dem das Licht kommt, aber er bleibt nicht melancholisch hypnotisiert von dem verlorenen Objekt: »dreh dich nicht um«, »vergiss uns alle«, »geh nicht zurück«, »lass dich nicht von der Nostalgie reinlegen«. Die Trennung muss ein klarer Schnitt sein, sie muss die Möglichkeit der Rückkehr ausschließen, eben weil es, wie Sartre mit seiner Metapher des Einfachtickets erklärt, niemals eine Möglichkeit der Rückkehr gibt. Dieser Schnitt ist die Bedingung dafür, dass jene tiefe, kindliche Liebe für das Kino keimen und zu einem echten Vermächtnis werden kann.

In beiden Filmen erscheint die Nostalgie in ihren zwei grundlegenden Facetten. Einerseits manifestiert sie sich als Falle, die die Entfaltung des Lebens verhindert, eine Bremse, die das Begehren blockiert – die Schreibblockade, die Jep heimsucht, entspricht der verlorenen Liebe für Elisa; die Bindung an das Dorf und an eine unerwiderte Liebe fesselt Totò an sein Land. In anderer Hinsicht ist es aber gerade die Nostalgie, die sich als Ressource offenbart, als Eigenname für das Begehren selbst und sein Vermächtnis: die Wiederaufnahme der Arbeit an seinem neuen Roman bei Jep, sowie die Liebe zum Kino, die den erwachsenen Totò zu einem berühmten Regisseur werden läßt, kommen gleichermaßen aus der Vergangenheit, sie sind unerwartete Wiederauferstehungen einer verlorenen Zeit. Es ist kein Zufall, dass *Die große Schönheit* mit der Wiederentdeckung von Elisas Tagebuch und mit der Entdeckung ihrer verlorenen Liebe zu Jep endet, während *Cinema Paradiso* mit dem Geschenk Alfredos, einer Filmrolle, die alle Ausschnitte der vom Dorfpfarrer zensierten Liebesszenen enthält, zu Ende geht. In beiden Geschichten kehrt also aus der Vergangenheit etwas wie ein Versprechen zurück, das mit einer Zukunft schwanger geht. Das gleiche geschieht auch mit dem 1972er Gran Torino in Clint Eastwoods gleichnamigem Film: Das Erbe impliziert, dass etwas, das aus der Vergangenheit kommt, nur dann ein neues Leben ermöglichen kann, wenn es von einem würdigen Empfänger entgegengenommen wird, wie es beim jungen Thao der Fall ist, der von Walt »Toad« genannt wird. Ja, denn die Vererbung impliziert keine performativen Prinzipien, sondern eine Position, die immer versetzt liegt gegenüber der Linearität der natürlichen evolutionären Zeit. Alfredos Spule, Elisas Tagebuch und auch Walts Gran Torino sind Erscheinungen, die aus der Vergangenheit kommen, aber die Möglichkeit einer neuen Öffnung in sich tragen. Das Feuer der Erinnerung, das aus dem Licht der toten Sterne entsteht, nährt die bejahende Kraft eines neuen Begehrens. An die Stelle der Wehmut tritt unweigerlich die Dankbarkeit; sie ist nicht nur die Erinnerung an das, was gewesen ist, sondern auch die Möglichkeit eines anderen Lebens. Es ist kein Zufall, dass *Gran Torino* mit dem Bild von Thao endet, der, mit seinem geerbten Auto in Begleitung von Walts altem Hund, an einem schönen, windigen und sonnigen Tag eine Küste entlang fährt.

Gespräch mit Massimo Recalcati

von Stefano Vastano

Im folgenden Gespräch, das anlässlich der deutschen Ausgabe von *La luce delle stelle morte* geführt wurde, haben wir versucht, uns auf die wesentlichen Aspekte des im italienischen Original 2022 erschienenen Essays zu konzentrieren. Dabei ging es uns sowohl um textimmanente Fragen als auch um solche des Werdegangs des Autors und Psychoanalytikers Massimo Recalcati. So wollten wir von ihm wissen, was ihn dazu bewogen hat, sich mit der Dimension der Trauer auseinanderzusetzen, mit der Unfähigkeit, das Ende einer Liebesbeziehung zu verkraften, mit der tiefen Melancholie, die uns überfällt, wenn wir einen lieben Menschen verlieren. Doch weist der Text auch andere Bedeutungsebenen auf, die über seinen unmittelbaren Gegenstand hinausgehen.

Da ist etwa die Schönheit von *Das Licht der toten Sterne*, die sich nicht nur aus der sprachlichen Eleganz, sondern auch aus der tiefen Verbundenheit des Autors mit dem Erbe der philosophischen Tradition ergibt. Immer wieder tauchen in Recalcatis Werk Zitate von Sartre oder Heidegger auf. In diesem Essay über Trauer und Melancholie steht exemplarisch Nietzsches Zarathustra im Mittelpunkt.[2] Neben der Philosophie ist es vor allem die komplexe Beziehung zum Werk von Jacques Lacan, die Recalcatis psychoanalytische Theorie und Praxis am stärksten geprägt hat.[3] Noch vor den bedeutendsten, von Lacan inspirierten theoretischen Texten steht die sogenannte »Klinik der Leere« – der Moment, in dem Recalcati beginnt, die psychoanalytische Praxis in Angriff zu nehmen. Seine ersten Patient:innen

---

2 Massimo Recalcatis Diplomarbeit aus dem Jahr 1985 (*Ipotesi per un confronto tra Sartre und Freud*) ist dem Vergleich zwischen *désir d'être* und Todestrieb gewidmet. Zu Sartre hat Recalcati kürzlich eine Monographie publiziert (*Ritorno a Jean-Paul Sartre. Esistenza, infanzia e desiderio*, Torino 2021).

3 In den letzten 20 Jahren hat sich Recalcati in zahlreichen Aufsätzen mit Lacans Werk und Denken auseinandergesetzt. Im Jahr 2005 veröffentlichte er *Per Lacan. Neoilluminismo, neoilluminismo, neostrutturalismo* (Roma 2005). Zwischen 2016 und 2021 sind zwei grundlegende Bände über Lacan erschienen: *Jacques Lacan. Desiderio, godimento e soggettivazione* (Milano 2016) und *Jacques Lacan. La clinica psicoanalitica, struttura e soggetto* (Milano 2021). Recalcati hat zudem die Einführung *Jacques Lacan* (Milano 2023) in der von ihm beim Mailänder Verlag Feltrinelli herausgegebenen Reihe *Eredi* veröffentlicht.

sind von Anorexie betroffen, vom Sog der Bulimie gequält, von jenem destruktiven Schmerz, den er später als »Formen einer Anti-Liebe« bezeichnen wird.[4]

Einen zusätzlichen, originellen Aspekt des psychoanalytischen Diskurses, wie Recalcati ihn in den letzten Jahren entwickelt hat, stellt die Beschäftigung mit den grundlegenden Texten der biblischen bzw. christlichen Tradition dar. Recalcati hat zentrale Stellen und Szenen der Bibel psychoanalytisch gelesen sowie, in jüngerer Zeit, die Gleichnisse aus den Evangelien und die Gestalt Jesu als Erlöser in engem Dialog mit der Entwicklung einer psychoanalytischen Ethik neu positioniert.[5]

---

4 Der Themenbereich von Anorexie und Bulimie bleibt zentral in der Entwicklung des Psychoanalytikers Recalcati. Nach dem Essay *L'ultima cena: anoressia e bulimia*, (Milano 1997) sind u.a. *Clinica del vuoto. Anoressia, dipendenze, psicosi* (Milano 2002), *Anoressia, bulimia e obesità* (Torino 2006) und *Elogio del fallimento. Conversazioni su anoressie e disagio della giovinezza* (Trento 2011) erschienen. An dieser Stelle sei nur erwähnt, dass Recalcati nicht nur die Psychopathologie des Essverhaltens gelehrt hat, sondern 2003 auch Jonas Onlus, ein psychoanalytisches Klinikzentrum für neue Symptome, gegründet hat.

5 Ausgehend von einer Interpretation des rituellen Opfers und seiner theologischen und ethischen Überwindung (*Contro il sacrificio. Al di là del fantasma sacrificale*, Milano

Eine weitere Stoßrichtung, die in gewissem Sinne parallel zur religiösen Hermeneutik verläuft, ist die Ausarbeitung einer »psychoanalytischen Ästhetik«. Davon zeugen die zahlreichen Essays und Vorträge, die Recalcati Künstlern wie Claudio Parmiggiani Alberto Burri, Vincent van Gogh oder Antoni Tàpies gewidmet hat.[6]

2017) hat Recalcati seinen Diskurs über die intrinsische Beziehung zwischen dem »Wort« der Psychoanalyse und jenem des religiösen Diskurses konsequent weiterentwickelt. Wir beschränken uns an dieser Stelle darauf, auf die wichtigsten Publikationen im Zusammenhang mit Recalcatis systematischer Neuinterpretation einer »religiösen Hermeneutik« zu verweisen: *La notte del Getsmani* (Torino 2019), *Il gesto di Caino* (Torino 2019) und *Il grido di Giobbe* (Torino 2021). Der Schlüsseltext für Recalcatis Interpretation der biblischen Tradition ist *La legge della parola. Radici bibliche della psicoanalisi* (Torino 2022). Mit *La legge del desiderio. Radici bibliche della psicoanalisi* (Torino 2024) rekonstruiert Recalcati nun auch den psychoanalytischen Diskurs des Neuen Testaments und der Ethik Jesu.

6 Seit längerer Zeit thematisiert Recalcati, parallel zu seiner Neuinterpretation der religiösen Ethik, auch die Bedeutung des Kunstwerks als privilegierten Zugang zur »Sprache des Unbewussten«. Seine Auseinandersetzung mit den Werken von Claudio Parmiggiani und Antoni Tàpies sind für die Ausarbeitung einer »psychoanalytischen Ästhetik« von besonderer Relevanz. Siehe hierzu *Il trauma del fuoco. Vita e morte nell'opera di Claudio Parmiggiani* (Padova 2023) und *Il silenzio della materia. La poetica del Muro di Antoni*

Abseits der sublimen Sprachen der Kunst und der theologischen Dimension des Glaubens ist es nicht möglich, Recalcatis Theorie und Praxis des psychoanalytischen Diskurses von seinem sozialen und politischen Engagement zu trennen. Seine Tätigkeit in der Demokratischen Partei Italiens (PD), die Förderung einer Schule der politischen Theorie und die regelmäßigen Interventionen in Tageszeitungen und anderen Medien sind – neben der klinischen Tätigkeit – zu seinem »täglich Brot« geworden. Sie sind die lebendige Materie, in die sich die analytische Praxis einfügt und zugleich einer breiten Öffentlichkeit zugänglich wird. Die tagtägliche Arbeit des Psychoanalytikers kommt hier substantiell in Kontakt mit der sozialen Dimension, mit den Bedürfnissen und Träumen, dem Unbehagen und den Ängsten, die tief im (realen und digitalen) Körper unserer Gesellschaft liegen. Dies ist der letztendlich fruchtbare Moment, in dem die »reine« Sphäre der Psychoanalyse und die »raue« Welt der Politik aufeinandertreffen und einander kontaminieren.[7]

Tàpies (Padova 2024). *Il mistero delle cose. Nove ritratti di artisti* (Milano 2016) gibt Aufschluss über Recalcatis Beziehung zu den Werken verschiedener Künstler des 20. Jahrhunderts.

7 Seit dem Essay *Lo psicoanalista e la città* (Genova 2007) hat Recalcati immer wieder die Relevanz der »sozialen Beru-

Vor diesem Hintergrund haben wir Massimo Recalcati gebeten, uns im Gespräch Einblicke in seinen Lebensweg zu gewähren: in seine Studien, aber auch in das familiäre und soziale Umfeld, in dem er aufgewachsen ist und sich menschlich entwickelt hat.

Trauer, Melancholie und *Das Licht der toten Sterne*

Stefano Vastano: In Ihrem Essay gehen Sie von einer dezidiert freudschen Grundannahme aus: Wir seien die »Schnitte«, die Narben, die verschiedenen Trennungen, die wir mit uns herumtragen und die uns von Geburt an kennzeichnen …

Massimo Recalcati: Die Frage, die meine theoretische und klinische Forschung inspiriert, ist, woraus das Leben eines Menschen besteht. Ja, was prägt

---

fung« in der psychoanalytischen Praxis hervorgehoben. Der politische Aspekt steht auch im Mittelpunkt von Recalcatis Neuinterpretation von Pier Paolo Pasolinis Werk und Leben: siehe hierzu *Pasolini. Il fantasma dell'origine* (Milano 2022). Es ist insofern kein Zufall, dass die von ihm im Januar 2017 innerhalb der Demokratischen Partei Italiens (PD) gegründete Scuola di partito Pier Paolo Pasolini den Namen des großen und umstrittenen friaulischen Intellektuellen trägt.

unser Leben? Was prägt jene Lebensform, die wir Mensch nennen? Zum einen sind das unsere Trennungen, all die Objekte, die wir verloren haben. Freud sagt es auch ganz offen: Das menschliche Leben ist ein vielschichtiges Gebilde aus Trennungen und damit aus den unzähligen Verlusten, die wir erlitten haben. Das intrauterine Leben, der mütterliche Körper, die Nabelschnur, die Brust, die Fäkalien, der Phallus, die familiäre Bindung, die Kindheit und das Leben selbst in der letzten, am schwersten zu ertragenden Trennung, nämlich dem eigenen Tod: Wir bestehen aus all diesen Verlusten, aus all unseren unzähligen Todesfällen. Aber ein Menschenleben besteht auch aus den Worten der anderen, aus den Worten, die sich unauslöschlich in unser Unbewusstes eingebrannt haben und die wir nie vergessen haben. Es sind Worte der Liebe oder des Heils, aber auch kränkende Worte, die unser Leben traumatisch durchdrungen haben: Beleidigungen, Flüche, herbe Vorwürfe ... Ein menschliches Leben besteht auch aus all den Begegnungen, die es hatte. Oder besser gesagt, wir sind das, was wir aus diesen vielen Begegnungen gemacht haben. Begegnungen, die unser Leben geöffnet haben, es lebendiger und reicher gemacht haben, aber auch solche, die es in eine Ecke gedrängt, es verletzt haben. Schließlich, und das ist das Thema dieses Buches, sind wir aus unseren unzähligen Toten gemacht ...

SV: In Ihrem Buch begegnen wir dennoch auch dem sehr merkwürdigen Phänomen der Liebe, das sich immer als ein akutes »Verlangen nach dem Anderen« manifestiert. Gerade aus diesem extremen Verlangen heraus entstehen die Trennungsdramen, in denen der Andere nicht mehr auf mein Begehren eingeht. In diesen sehr schmerzlichen Phasen erleben wir die Liebe als die ungeheure Erfahrung des Mangels, des grausamen Wartens, als Katastrophe des Leidens ...

MR: Das Ende, der Tod einer Liebe ist nicht nur der Verlust einer Person, sondern der Verlust einer ganzen Welt: der Verlust einer Welt der Zwei, einer mit dem Anderen geteilten Welt. Die katastrophale Dimension, die dieser Verlust annehmen kann, erklärt sich aus der Tatsache, dass die Welt, wie ich sie durch »die Zwei« kannte, nicht mehr existiert. Sie ist nun beendet, gleichsam ausgelöscht, verschwunden. Aber nicht nur das: Geliebt zu werden bedeutet zu wissen, dass in der Welt ein Anderer – das heißt: ein Begehren des Anderen – auf uns wartet, ein Anderer, dem unsere Existenz sozusagen radikal fehlt. Das Ende einer Liebe hingegen offenbart mir, dass es niemanden mehr gibt, der auf mich wartet, dass es keinen Anderen mehr gibt, dessen Fehlen ich vermisse. Es ist ein Zusammenbruch, der mich als verlassen, allein, nackt bloßlegt. Ein senkrechter Fall, der mich mit einer doppelten Leere konfrontiert: Die Leere, die sich in einer Welt auftut, die nicht mehr ist, was sie früher war. Und die Leere, die sich in mir selbst öffnet, und zwar in dem Moment, in dem ich entdecke, dass niemand mehr auf mich wartet.

SV: Dieser doppelte Mangel ist mit ein Grund, warum Sie in Ihrem Essay zwei Formen der Trauer (melancholische Fixierung und radikale Ablehnung) deklinieren, denen Sie zwei Formen der Nostalgie gegenüberstellen. Die erste Form der Nostalgie wird vom »Phantom der Ursprünge« angetrieben, vom akuten Verlangen nach einer idealisierten Vergangenheit, vom Wunsch also, zum mütterlichen Körper zurückzukehren ... Neben dieser Fesselung an die Vergangenheit beschreiben Sie jedoch auch eine Nostalgie-Dankbarkeit für das, was wir erlebt haben, die sich – wie Pontalis sagen würde – von der »Schönheit des Details« nährt, von der Fähigkeit, das Drama der Trauer fast zur Höhe eines Gedichts zu erheben ...

MR: Melancholie bedeutet in der Tat das Scheitern der Trauerarbeit. Diejenigen, die nicht mehr da sind, werden nicht losgelassen, sondern breiten ihren Schatten über allem aus. Es ist der düstere Charakter, der die Trauer durchtränkt und der sich chronifizieren kann. Gleichzeitig kann die Nostalgie eine endlose Wehmut über die Vergangenheit, über unser verlorenes Leben erzeugen. Der Blick der Nostalgikerin oder des Nostalgikers ist einzig und allein auf die Vergangenheit gerichtet. In diesem Fall stellt die Nostalgie eine Variante der Trauer dar, im Sinne einer unmöglichen oder gescheiterten Trauerarbeit. Sie ist permanente Sehnsucht nach der Vergangenheit und zugleich Unmöglichkeit, dorthin zurückzukehren. Diese Sehnsucht erzeugt den Schmerz, nicht das gewesen zu sein, was wir uns gewünscht hätten, und nicht dorthin zurückkehren zu können, wo wir angeblich glücklich waren. Es gibt aber auch eine andere Form der Nostalgie, über die ich in diesem Buch ausführlich schreibe. Es ist die Nostalgie als Dankbarkeit. Im Mittelpunkt steht hier nicht die Vergangenheit, sondern eher die Zukunft. Diese Nostalgie impliziert die Tatsache, dass diejenigen, die in unserem Leben eine Rolle spielten und jetzt nicht mehr sind, tatsächlich weiterhin für uns da sind. Diese Dankbarkeit ist eine ganz andere Art, sich auf die Vergangenheit zu beziehen, eine dankbare Form eben, die alles, was gewesen ist, »erlöst« und für uns wieder lebendig macht. Eine leichtere Form der Nostalgie, die nicht weit entfernt ist von dem, was Nietzsche als das große Ja zur »ewigen Wiederkehr des Gleichen« theoretisiert hat ...

SV: In Ihrer Phänomenologie der Trauer und Melancholie spielt die Denkfigur des Zarathustra eine zentrale Rolle. Sie analysieren die Szene, in der Zarathustra dem zu Boden gestürzten Seiltänzer beisteht, ihn während des Sterbens tröstet, um ihn schließlich – nach einem langen Vorlauf in der Nacht – in der Höhle eines Baumes zu begraben ...

MR: Diese Szene aus *Also sprach Zarathustra* empfinde ich als kongeniale Darstellung der Trauerarbeit. Es geht hier auch um das schwere »Mitschleppen« der Last des Toten, bevor man sich von ihm trennen kann. Mit dem entscheidenden Hinweis aber, dass die Loslösung nicht mit dem Vergessen dessen einhergeht, was man verloren hat. In dem seltsamen Begräbnis, das Zarathustra dem Akrobaten gibt, geht es prinzipiell um eine Verwandlung. Der tote Körper, der in die Höhle eines Baumes gelegt wird, verwandelt sich in Saft, in einen Lebenssaft. Ist dies nicht exakt die schwierige Aufgabe jeder Trauerarbeit: Diejenigen, die wir geliebt haben und die nicht mehr unter uns sind, in Lebenssaft zu verwandeln? Wenn Sie so wollen, ist dies auch ganz allgemein das große Nietzsche-Thema der ewigen Wiederkehr: Alles annehmen, was gewesen ist, das Gute und das Schlechte, das gute wie das schlechte Leben, die Freude und den Kummer. Das Ganze also willkommen zu heißen in dem Sinne, dass man es wiederhaben will, dass man sich also wünscht, es könnte sich ewig wiederholen. Die Asche und der Staub dessen, was gewesen ist, wird hier langsam in Licht verwandelt. Dieser Aspekt erklärt auch mein tiefes Interesse am Werk von Künstlern wie Alberto Burri oder Claudio Parmiggiani.

Biografische Passagen

SV: Wir wollen nun versuchen, Ihre ersten Schritte in der psychoanalytischen Praxis zu rekonstruieren. Uns interessieren speziell die ersten Jahre Ihrer »Klinik der Leere«, als Sie sich mit Essstörungen, mit der Ablehnung des Essens, mit der Negation des Selbst und der Welt befasst haben, kurz mit den radikalsten Formen einer »Anti-Liebe«.

MR: Meine erste Patientin war eine junge Frau, die an Bulimie litt. Ihr Leben war für sie zu einem

Gefängnis geworden. Das zwanghafte Verhältnis, das sie an das Objekt-Essen band, beherrschte ihre Existenz komplett. Fressanfälle und Erbrechen wechselten sich mehrmals am Tag unerbittlich ab. Sie wollte sterben. Genau das war mein Einstieg in die Klinik. Viele Jahre lang habe ich mich fast ausschließlich mit sogenannten Essstörungen befasst. Meine Essays *L'ultima cena* (*Das letzte Abendmahl*, 1997) und *Clinica del vuoto* (*Klinik der Leere*, 2002) verdichten theoretisch die Arbeit jener Jahre, die sich im Laufe der Zeit auf alle klinischen Formen der Sucht ausgeweitet haben. Ich denke, die Ablehnung des Anderen stellt den gemeinsamen Nenner all dieser Pathologien dar. Anstelle von menschlichen werden unmenschliche Partner gewählt (Nahrung, Drogen, Alkohol, technische Surrogate usw.), die im Gegensatz zum menschlichen Gegenüber eine Art permanente Präsenz garantierten. Die Dialektik des Fort-Da, aus der Freud die Macht der Sprache ableitete, löst sich hier auf, nicht nur in ein absolutes Fort oder in eine absolute Präsenz des Objekts, die jede Form des Mangels auslöschen möchte, sondern auch in eine absolute Abwesenheit als Verlust jeder Bindung, jedes Kontakts mit dem Anderen. Es ist also die Erfahrung einer »Klinik des pulsierenden Exzesses« und gleichzeitig einer »Klinik des melancholischen Rückzugs« und der Kasteiung ... Das sind auch heute noch die beiden Pole, die das zeitgenössische Unbehagen kennzeichnen.

SV: Wir schauen nun kurz zu Ihren familiären Verhältnissen. Ihr Vater war Florist, Sie selbst haben eine Ausbildung als Agrartechniker absolviert. Wie wichtig war das familiäre Umfeld für Sie, und vor allem, was hat Ihr Vater dem zukünftigen Psychoanalytiker beigebracht: Respekt vor der Arbeit, eine zärtliche Liebe zu Pflanzen und Blumen?

MR: Ich bin in einer bäuerlich geprägten Kultur aufgewachsen. Der Einfallsreichtum meines Vaters führte zur Gründung einer Blumenzucht. Sein Beruf war für ihn tatsächlich eine Berufung. In *Il complesso di Telemaco* (*Der Telemachos-Komplex*) erzähle ich, dass ich von ihm ein Verständnis für den »Schmerz der Blätter« habe, das sich in mir später in ein Interesse für den Schmerz der Menschen verwandeln sollte. Seine Sorge um kranke Pflanzen wurde in mir zur Sorge um die Zerbrechlichkeit des menschlichen Wesens. Dann war da noch die Schönheit meiner Mutter und die Schönheit der Blumen. Sie sind mir schon immer als Gegenmittel gegen Schrecken und Leid vorgekommen. Das Leben der Blumen ist nie lang, das heißt aber nicht, dass es sinnlos sei. Freud erinnert explizit daran, indem er

Heine zitiert: Die Schönheit einer Rose wird nicht durch die Kürze ihres Lebens widerlegt. Ich habe Philosophie studiert und im Rahmen meines Studiums näherte ich mich Freud. Ich hatte damals die besten Professor:innen und wurde eigentlich zum Philosophen »geformt«. Aber dann lernte ich plötzlich die Angst kennen. Mein Unbewusstes kam mir in die Quere. Ich brach also meine Studienaufenthalte in Frankfurt am Main und Pisa ab, für die ich Stipendien erhalten hatte, und begann mit meiner ersten Analyse. Inzwischen hatte ich angefangen, Lacan zu studieren, ohne natürlich viel davon zu verstehen. Ja, meine Angst und Lacans Texte schienen wie aus einem Guss gegossen: Sie waren damals für mich zwei unlösbare Rätsel ...

Über Jacques Lacan

SV: Es ist also an der Zeit, über Ihre lange Arbeit an Jacques Lacans Texten zu sprechen. Kürzlich antworteten Sie einem Journalisten, der von Ihnen wissen wollte, warum Lacan über den Kreis der Spezialist:innen und Eingeweihten hinaus so wichtig gewesen sei: »Weil er es wie kein anderer es verstand, über Sex und Liebe, Begehren und jouissance *zu sprechen. Im 20. Jahrhundert haben wir also – nach Freud – von Lacan das Wesentliche über Sex und Liebe gelernt...«*

MR: Lacan wusste, wie man das Reale berührt. Deshalb verstand er es, eine enorme Anzahl von Menschen um sich zu scharen. Das Reale hat bereits durch Freud seine zwei wesentlichen Gesichter erhalten: das des erotischen Lebens und das des Todes. Beide erinnern an das Unmögliche. Das erotische Leben beruht auf der Unmöglichkeit, die Verschmelzung zwischen dem Einen und dem Anderen zu verwirklichen. Anders formuliert: Es beruht auf der Unmöglichkeit, das Versprechen des erotischen Lebens einzulösen. Das Reale des Todes zeigt andererseits, dass die Sprache einen äußeren Kern in sich trägt, der auf die Sprache selbst nicht reduzierbar ist. Es gibt in der Tat keine Möglichkeit, den Tod zu »sagen«.

SV: Lacans berühmte Definition des Begehrens als »Begehren des Anderen« stammt eigentlich von Alexandre Kojève. Kojève legte die Dialektik von Herr und Knecht, die Hegel im sechsten Kapitel seiner Phänomenologie des Geistes einführte, neu aus. Wie viel Phänomenologie und, allgemeiner, wie viel philosophische Tradition, von Hegel/ Kojève bis Heidegger, steckt also in Lacans Schriften?

MR: Lacan ging sozusagen durch die philosophische Schule Kojèves. Er besuchte dessen Vorlesungen zur Phänomenologie genau auf dem Höhepunkt der Hegel-Renaissance in den 1930er Jahren. Es war eine heideggersche Lesart von Hegel, die erheblichen Einfluss auf Lacans Schriften hatte. Die beiden zentralen Punkte sind zum einen die Lesart des menschlichen Begehrens als Begehren nach dem Anderen. Das heißt, hegelianisch formuliert: Begehren als Verlangen nach Anerkennung, als Verlangen, vom Anderen begehrt zu werden. Das impliziert eben einen Begriff des Begehrens, der ihn von seiner vitalistisch-instinktgeleiteten Repräsentation befreit. Auf der anderen Seite ruft diese radikal existentialistische Interpretation des menschlichen Begehrens auch den Begriff des Mangels hervor, der von Kojève und Heidegger bis zum »Sein zum Tode« radikalisiert wird. Dies beinhaltet eine tiefe Verletzung der Subjektivität, bis hin zu ihrer radikalen Grundlosigkeit. Kein Anderer wird sie jemals retten oder rechtfertigen können. Wenn die erste Seite dieser radikalen Dialektik die Zentralität des Anderen als Empfängers des Begehrens hervorhebt, so unterstreicht die zweite Seite gerade die Unmöglichkeit, dass der

Andere meine Subjektivität vor ihrem konstitutiven »Mangel an Sein« jemals retten könnte.

SV: Genau dieser konstitutive, immanente Mangel der Subjektivität, ihre »radikale Grundlosigkeit«, gibt uns einen direkten Hinweis darauf, warum Lacan das »Subjekt« oft mit dem Symbol des gebarrten »S« markiert. Der Lacan'sche Diskurs über Realität und Identität ist daher so weit (und so kritisch) wie möglich entfernt von den souveränistischen, nationalistischen Ideologien mit ihren identitären Rassismen, die heute in ganz Europa wieder auf dem Vormarsch sind …

MR: Das Lacan'sche Subjekt wird mit einem gebarrten »S« geschrieben, weil es in sich geteilt ist. Sein Sein und sein Denken stimmen partout nicht überein. Der Analysand oder die Analysandin erfahren diese Spaltung immer wieder aufs Neue: Sie denken, sie seien nicht das, was sie in Wirklichkeit sind. Hier geht eine fundamentale Subversion des cartesianischen Cogito durch das Subjekt: Das Denken begründet das Sein nicht, weil das Sein sich vom Denken permanent zurückzieht. Aus diesem Grund sind alle Fundamentalismen in Wirklichkeit Versuche einer »Ego-kratie«. Das heißt, sie schlagen eine ungeteilte Repräsentation des Subjekts vor. Für

Lacan aber ist genau diese Ich-Repräsentation das Wesen der Geisteskrankheit: nämlich, sich für ein konsistentes Ich zu halten und die eigene innere Spaltung zu leugnen. Es handelt sich hier mit anderen Worten um die Repräsentation einer Art geistigen »Souveränität«. Die These der Psychoanalyse aber lautet, dass die psychische Krankheit nicht so sehr aus einer Schwächung des Ichs, aus einem Absinken seiner Grenzen, sondern im Gegenteil aus seiner hypertrophen Verstärkung entsteht. Das ist es, was wir heute auf dramatische Weise beobachten: Nationalismen, Wiedererstarken des ethnischen Denkens, religiöser Fundamentalismus, Protektionismus, Souveränismus. Das sind alles Krankheiten, die offensichtlich mit einer Hypertrophie der Identität zusammenhängen.

SV: Der Text einer Vorlesung, die Sie Anfang der 1990er Jahre an der Università Statale di Milano gehalten haben, trägt den aussagekräftigen Titel Il vuoto e il resto. Il problema del reale in Jacques Lacan. (Die Leere und der Rest. Das Problem des Realen bei Jacques Lacan). *Markiert die »Leere« jene Spur der permanenten Unruhe, die Lacan im Begehren eröffnet und die sich – jenseits des Genießens – nach dem Begehren des Anderen sehnt?*

MR: Präziser formuliert, bezeichnet die Leere die Wirkung der Sprachhandlung auf den Menschen. Das Leben wird nur durch den Verlust der *jouissance*, des Genießens, oder, mit Hegels Worten, durch den Tod des Tieres, durch seine Negativierung vermenschlicht. Diese Entleerung des Seins hinterlässt jedoch immer einen Rest. Aus diesem Rest entsteht das Begehren als Trieb, den im Begehren enthaltenen Mangel zu beheben. Dennoch kann dieser Trieb das Leben selbst zu seiner Auflösung führen. In der Tat hat das Begehren zwei grundlegende Gesichter: Es ist ein Begehren, das seinen immanenten Mangel bis zum Tod verleugnet. Und es ist ein Begehren, das sich im Akt des Begehrens selbst verwirklicht, das den Mangel, dem es entspringt, nicht als Verurteilung, als ungelöstes Leiden – Hegels »unglückliches Bewusstsein« – hinnimmt, sondern ihn als Macht empfindet, die sich im Akt selbst des Begehrens verwirklicht.

SV: Dies ist vielleicht auch der Sinn von Lacans radikalster und befremdlichster These, wonach es »kein sexuelles Verhältnis« gäbe. Ihr tieferer Sinn liegt in der einfachen Feststellung, dass wir, wo immer wir die jouissance *des Anderen suchen, sie niemals – ähnlich Achilles und die Schildkröte – erreichen werden. Wir werden immer nur von unse-*

ren eigenen Geistern, Objekten und Fetischen umgeben sein ....

MR: Genau, es gibt keine Möglichkeit, dass die Zwei eins wird. Lacan löst den platonischen Mythos vom Eros als Trieb zur »Wiedervereinigung mit der fehlenden Hälfte« auf. Das Herz jeder Beziehung ist unter diesem Aspekt die Nicht-Beziehung. Anders formuliert: Das Reale einer jeden Beziehung ist, dass es etwas Unvereinbares gibt. Doch damit wird die Beziehung nicht einfach ausgelöscht. Vielmehr muss sich jede Beziehung an der Nicht-Beziehung messen. Das bedeutet, dass es gerade durch die Anerkennung der Nicht-Beziehung möglich wird, in einer Beziehung zu sein. Es geht also nicht darum, alles zu teilen – das Eine mit dem Anderen zu vermengen und Eins zu werden –, sondern darum, das Ungeteilte zu teilen.

Religion und Politik

SV: Von hier aus können wir vielleicht auch den Raum erahnen, den Sie in den letzten Jahren der Dimension der Religion, der Beziehung zwischen Monotheismus und Psychoanalyse gewidmet haben. Für Freud ist der religiöse Mensch ein Kind, das weder die Wunden des Lebens noch jene des Todes akzeptiert und sich hinter den Illusionen eines ewigen und barmherzigen Vaters versteckt. Ist der psychoanalytische Diskurs Freuds in diesem Sinne unnachgiebig oder gar zu »aufgeklärt« in Bezug auf die religiöse Ethik?

MR: Das Freud'sche Urteil über die Religion findet sich bereits im biblischen Text. Es war die Thora, die lange vor Freud eine radikale Kritik der Religion als Götzendienst, als Aberglaube, als Fanatismus, als halluzinierte Regression entwickelte. Unter dem Aspekt dieses Anti-Fanatismus brauchen wir eigentlich nicht zu erwähnen, dass die Botschaft Jesu noch programmatischer antireligiös ist. In seiner Kritik an den Pharisäern in der Synagoge finden sich bereits alle wesentlichen Elemente von Freuds Kritik am religiösen Götzendienst.

SV: Im Jahr 2017 haben Sie in Mailand innerhalb der Demokratischen Partei Italiens (PD) das Projekt einer Parteiakademie, der »Scuola di partito Pier Paolo Pasolini«, präsentiert. Pasolini selbst haben Sie das Buch Il fantasma dell'origine (Das Gespenst des Ursprungs) *gewidmet, in dem Sie die romantischen Neigungen, die rousseauschen Ursprungsmythen und die erotisch-inzestuösen*

Zwänge des friaulischen Intellektuellen beleuchten. Warum haben Sie Ihre Parteischule nach ihm benannt, dem »Korsaren-Poeten«, dem »Letzten der Romantiker«, wie Hans Magnus Enzensberger ihn einmal nannte? Was fehlt heute im »Diskurs der Politik«?

MR: Ich habe die Politik immer im Lichte des Begehrens interpretiert, d.h. ausgehend vom Wunsch zu verwandeln, zu vervielfältigen und den Horizont des Lebens zu erweitern. Hier habe ich auch die tiefe Verbindung entdeckt, die die Praxis der Psychoanalyse mit der berühmten elften These von Marx über Feuerbach verbindet: Bis jetzt hätten die Philosophen die Welt nur interpretiert, jetzt gehe es darum, sie zu verändern. Die Psychoanalyse deckt nicht nur die Wahrheit des Begehrens auf, sondern fordert ihre dringliche Verwirklichung. Deshalb hat sie weniger mit der griechischen *aletheia*, mit der Wahrheit, als mit dem hebräischen *emet* zu tun, das Wahrheit mit Glauben, Vertrauen und dem unzerstörbaren Drang des Begehrens zu seiner Verwirklichung übersetzt.

Bibliografie

Ambrosiano, Laura. *Nello spazio del lutto. Melancolia, violenza, tenerezza*, Mailand: Mimesis, 2021

Arendt, Hannah. *Vita activa oder vom tätigen Leben*, Stuttgart: Kohlhammer, 1960

Barthes, Roland. *Fragmente einer Sprache der Liebe*, aus dem Französischen von Hans-Horst Henschen, Frankfurt am Main: Suhrkamp, 1988

– *Die helle Kammer*, aus dem Französischen von Dietrich Leube, Frankfurt am Main: Suhrkamp, 2009

– *Tagebuch der Trauer*, aus dem Französischen von Horst Brühmann, München: Hanser, 2010

Beckett, Samuel. *Das letzte Band. Krapp's Last Tape. La dernière bande*, aus dem Französischen von Erika und Elmar Tophoven, Berlin: Suhrkamp, 2022.

– *Der Namenlose*, in: Ders., *Molloy. Malone stirbt. Der Namenlose*, aus dem Französischen von Elmar Tophoven, Erika Tophoven und Erich Franzen, Frankfurt am Main: Suhrkamp, 2005.

– *Warten auf Godot. En attendant Godot. Waiting for Godot*, aus dem Französischen von Elmar Tophoven, Frankfurt am Main: Suhrkamp, 1971

Benjamin, Walter. »Über den Begriff der Geschichte«, in: Ders., *Werke und Nachlass, Kritische Gesamtausgabe*, Bd. 19, Berlin: Suhrkamp, 2010

Bergson, Henri. *Materie und Gedächtnis. Versuch über die Beziehung zwischen Körper und Geist*, aus dem Französischen von Margarethe Drewsen, Hamburg: Felix Meiner, 2015

Bibel, die, oder die ganze Heilige Schrift des Alten und Neuen Testaments nach der deutschen Übersetzung Martin Luthers, revidiert 2017, Stuttgart: Deutsche Bibelgesellschaft, 2016

Binswanger, Ludwig. *Melancholie und Manie. Phänomenologische Studien*. Pfullingen: Neske, 1960

Bion, Wilfred R. *A Memoir of the Future*, London: Routledge, 1990

Cassin, Barbara. *Nostalgie. Wann sind wir wirklich zuhause?*, aus dem Französischen von Christine Pries, Berlin: Suhrkamp, 2021

Luca, Erri de. *Das Gewicht des Schmetterlings*, aus dem Italienischen von Helmut Moysich, München: Graf, 2010

Derrida, Jacques. *Marx' Gespenster. Der verschuldete Staat, die Trauerarbeit und die neue Internationale*, aus dem Französischen von Susanne Lüdemann, Frankfurt am Main: Suhrkamp, 2003

Freud, Sigmund. »Die Abwehr-Neuropsychosen. Versuch einer psychologischen Theorie der akquirierten Hysterie, vieler Phobien und Zwangsvorstellungen und gewisser halluzinatorischer Psychosen«, in: Ders. *GW*, Bd. 10, London: Imago, 1952, 57-74

– »Zur Einführung des Narzissmus«, in: Ders., *GW*, Bd. 10, London: Imago, 138-171

– »Massenpsychologie und Ich-Analyse«, in: Ders., *GW*, Bd. 13, London: Imago, 71-161

– »Notiz über den Wunderblock«, in: Ders., *GW*, Bd. 14, London: Imago, 1-8

– *Totem und Tabu. Einige Übereinstimmungen im Seelenleben der Wilden und der Neurotiker*, in: Ders., *GW*, Bd. 9, London: Imago

– »Trauer und Melancholie«, in: Ders., *GW*, Bd. 10, London: Imago, 428-446

Grossmann, Wassili. *Stalingrad*, aus dem Russischen von Christiane Körner, Maria Rajer und Andreas Weihe, Berlin: Claassen, 2021

Hegel, Georg Friedrich Wilhelm. *Phänomenologie des Geistes*, Frankfurt am Main: Suhrkamp, 1975

Heidegger, Martin. »Brief über den ›Humanismus‹«, in: Ders., *Gesamtausgabe*, Bd. 9, Frankfurt am Main: Vittorio Klostermann, 2004

– *Sein und Zeit*, in: Ders., *Gesamtausgabe*, Bd. 2, Frankfurt am Main: Vittorio Klostermann, 2024

Hofer, Johannes. *Dissertatio Medica De Nostalgia, oder Heimwehe*, Basel: Bertschius, 1688

Homer. *Ilias. Odyssee*, aus dem Altgriechischen von Johann Heinrich Voß, Berlin: Reclam, 2011

Jankélévitch, Vladimir. *L'irréversible et la nostalgie*, Paris: Flammarion, 1974

Jung, Carl Gustav. *Nietzsche's Zarathustra. Notes of the Seminar given in 1934-1939*, London: Routledge, 1989.

Kant, Immanuel. *Anthropologie in pragmatischer Hinsicht*, Hamburg: Felix Meiner, 2003

Lacan, Jacques. »Funktion und Feld des Sprechens und der Sprache in der Psychoanalyse«, in: Ders., *Schriften*, Bd. I, aus dem Französischen von Hans-Dieter Gondek, Wien/Berlin: Turia + Kant, 2016, 278-381

– *Freuds technische Schriften. Das Seminar, Buch I*, aus dem Französischen von Werner Hamacher, Wien/Berlin: Turia + Kant, 2015

– *Die Objektbeziehung. Das Seminar, Buch IV*, aus dem Französischen von Hans-Dieter Gondek, Wien: Turia + Kant, 2003

– *Das Begehren und seine Deutung. Das Seminar, Buch VI*, aus dem Französischen von Hans-Dieter Gondek, Wien/Berlin: Turia + Kant, 2020

– *Die Ethik der Psychoanalyse. Das Seminar, Buch VII*, aus dem Französischen von Norbert Haas, Wien/Berlin: Turia + Kant, 2016

– *Die Angst. Das Seminar, Buch X*, aus dem Französischen von Hans-Dieter Gondek, Wien/Berlin: Turia + Kant, 2010

– *Die vier Grundbegriffe der Psychoanalyse. Das Seminar, Buch XI*, aus dem Französischen von Norbert Haas, Wien/Berlin: Turia + Kant, 2015

Lévinas, Emmanuel. *Totalität und Unendlichkeit. Versuch über die Exteriorität*, aus dem Französischen von Wolfgang Nikolaus Krewani, Freiburg: Karl Alber, 1987

Lewis, Clive S. *Über die Trauer. Der Begleiter für schwere Stunden*, aus dem Englischen von Alfred Kuoni, Frankfurt am Main: Suhrkamp, 1999

McCarthy, Cormac. *Die Straße*, aus dem amerikanischen Englisch von Nikolaus Stingl, Reinbek bei Hamburg: Rowohlt, 2008

Molière. *Der Geizige*, aus dem Französischen von Hartmut Stenzel, Stuttgart: Reclam, 2006

Morselli, Guido. *Dissipatio humani generis oder Die Einsamkeit*, Frankfurt am Main: Suhrkamp, 1990

Nietzsche, Friedrich. *Also sprach Zarathustra*, in: Ders., *KSA 4*, München: dtv, 1980

– *Die fröhliche Wissenschaft*, in: Ders., *KSA 3*, München: dtv, 1980, 343-652

– »Vom Nutzen und Nachtheil der Historie für das Leben«, in: Ders., *Unzeitgemäße Betrachtungen, KSA 1*, München: dtv, 1980, 243-334

Pacioni, Marco. »La civiltà che resta. Le rovine da Petrarca a Freud», in: *Frontiere della psicoanalisi*, Nr. 2:2021, Bologna: il Mulino, 427-454

Parmiggiani, Claudio. *Stella Sangue Spirito*, Parma: Nuova Pratiche, 1995

Pasolini, Pier Paolo. *Poesie in forma di rosa*, Mailand: Garzanti, 1976

Pontalis, Jean-Bertrand. *Ce temps qui ne passe pas*, Paris: Gallimard, 1997

– *L'enfant des limbes*, Paris: Gallimard, 1999

– *Fenêtres*, Paris: Gallimard, 2000

– *Perdre de vue*, Paris: Gallimard, 1988

Prete, Antonio (Hg.). *Nostalgia. Storia di un sentimento*, Mailand: Raffaele Cortina, 1992

Proust, Marcel. *Unterwegs zu Swann. Auf der Suche nach der verlorenen Zeit 1*, aus dem Französischen von Eva Rechel-Mertens, Frankfurt am Main: Suhrkamp, 2004

– *Die wiedergefundene Zeit. Auf der Suche nach der verloren Zeit 7*, aus dem Französischen von Eva Rechel-Mertens, Frankfurt am Main: Suhrkamp, 2004

Racalbuto, Agostino, Marco La Scala und Maria Vittoria Costantini (Hg.). *La nascita della rappresentazione fra lutto e nostalgia*, Rom: Borla, 2001

Recalcati, Massimo. *Il complesso di Telemaco. Genitori e figli dopo il tramonto del padre*, Mailand: Feltrinelli, 2014

– *A libro aperto. Una vita è i suoi libri*, Mailand: Feltrinelli, 2018

– *Alberto Burri. Il Grande Cretto di Gibellina* (mit Fotografien von Aurelio Amendola), Arezzo: Magonza Editore, 2018

– *Le nuove melanconie. Destini del desiderio nel tempo ipermoderno*, Mailand: Raffaele Cortina, 2019

– *Pasolini. Il fantasma dell'Origine*, Feltrinelli, Milano 2022

Sartre, Jean-Paul. *Das Sein und das Nichts. Versuch einer phänomenologischen Ontologie*, aus dem Französischen von Hans Schönberg und Traugott König, Reinbek bei Hamburg: Rowohlt, 2023

Shakespeare, William. *Hamlet*, Deutsch von Frank Günther, München: dtv, 1999

Simenon, Georges. *Die Flucht des Monsieur Monde*, aus dem Französischen von Barbara Heller, Zürich: Diogenes, 1991

Sophokles. *Antigone*, aus dem Altgriechischen von Wolfgang Schadewaldt, Berlin: Insel, 2019

Starobinski, Jean. *L'encre de la mélancholie*, Paris: Éditions du Seuil, 2012

Teti, Vito. *Nostalgia. Antropologia di un sentimento del presente*, Bologna: Marietti, 2020

Vecchio, Sisto (Hg.). *Nostalgia. Scritti psicoanalitici*, Bergamo: Pierluigi Lubrina Editore, 1989

FILMOGRAFIE

Apocalypse Now (1979), Regie: Francis Ford Coppola

Cinema Paradiso (1988), Regie: Giuseppe Tornatore

Gran Torino (2008), Regie: Clint Eastwood

La Grande Bellezza – Die große Schönheit (2013), Regie: Paolo Sorrentino

Bibliografische Information der Deutschen Nationalbibliothek

Die Deutsche Bibliothek verzeichnet diese Publikation in der Deutschen Nationalbibliografie; detaillierte bibliografische Daten sind im Internet über http://dnb.ddb.de abrufbar.

Bibliographic Information published by Die Deutsche Nationalbibliothek

The Deutsche Bibliothek lists this publication in the Deutsche Nationalbibliografie; detailed bibliographic data is available on the internet at http://dnb.ddb.de.

ISBN 978-3-98514-102-9

Die Übersetzung dieses Buches wurde mit Unterstützung des **SEPS** Segretariato Europeo per le Pubblicazioni Scientifiche erstellt

www.seps.it - seps@seps.it

Originalausgabe: »La luce delle stelle morte. Saggio su lutto e nostalgia«

VERLAG TURIA + KANT
A-1020 Wien, Leopoldsgasse 14
Büro Berlin: D-10827 Berlin, Crellestraße 14

info@turia.at | www.turia.at